JN079855

大阪・北摂のガストロノミー

― 地域振興のための食資源 ―

村上喜郁　編著

佐藤敦信・宮﨑崇将・葉山幹恭・安本宗春・山本博史・中井郷之
著

晃洋書房

まえがき

本書は、「食」を活用した地域振興の実践に関する事例研究を通して、食資源を通じた地域振興に関する事実を収集し、論理的に整理することで、多様な地域に対して地域振興の何らかの示唆となることを目的に執筆した。

本研究の執筆の中心を担った研究者が所属する追手門学院大学は、大阪「北摂」地域に所在する。この「北摂」は、古く令制国の摂津国北部に由来する地名であり、一般的には現在の大阪府北部を指す（ただし、兵庫県南東部内陸の阪神北地域などを含む場合もある）。この北摂地域は、山間部、里山や農村から住宅地、主に流通に関わる工業地区、さらに都市部に至るまで様々な自然・社会環境を有している。この点においては、北摂地域は日本の縮図といっても過言ではない。

本書では、「ガストロノミー」をキーワードとして、いわゆる大阪の「北摂７市３町」において実践されている興味深い事例を取り上げ、主に経営学と観光学、そして流通論マーケティング論の視点から調査・分析をおこなった。ここで言う「ガストロノミー」は、料理界における「贅を尽くした最高級料理」といった意味ではなく、あらゆる領域を包含した「美食学」や「美食術」、あるいは「美味しさを創り出す体系」といったことを指している。

より具体的な内容としては、第２章では茨木「農家レストランのガストロノミー」、第３章では北摂広域の「地産地消のガストロノミー」、第４章では能勢「清酒のガストロノミー」、第５章では池田「文芸のガストロノミー」、第６章では茨木「食べ歩きイベントのガストロノミー」、第７章では池田・吹田「博物館のガストロノミー」、第８章では吹田「フードフェスティバルのガストロノミー」、第９章では北摂広域「批評文化のガストロノミー」の事例を取り上げている。この順は、一次産業生産を中心とする農村地域から、流通や加工、そして消費する都市地域への流れを軸としている。この観点から「北摂」地域は最良の事例となったと考えている。また、これら成果を整理する理論的枠組みとして、第１章と第10章では、「地域振興における食資源(ガストロノミー資源)」の体系的整理と活用に関わる考察をおこなった。

本書が、「食」を活用し振興を目指す地域にとって、いくらかでもお役立ていただくことができれば著者一同は本望である。

2023年12月

村 上 喜 郁

大阪・北摂のガストロノミー ――地域振興のための食資源――

目　　次

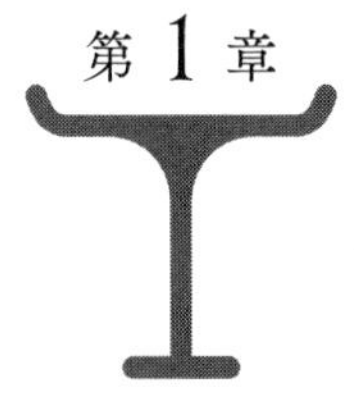

第1章 大阪・北摂地域と地域振興における食資源

北摂地域の「食」を通じた地域振興に関する具体的事例研究に先立って、第1章では、「研究対象となる大阪・北摂地域の「食」に関わる先行研究の確認」ならびに、「地域振興における食資源の体系的整理」をおこなう。

1．大阪・北摂地域の「食」

「まえがき」でも少し触れたように、「北摂」は、古く令制国の摂津国北部に由来する地名であり、一般的には現在の大阪府北部を指し、兵庫県南東部内陸の阪神北地域などを含む場合もある[1)]。本書では、大阪の北摂地域を「大阪・北摂地域」として区分し、「(いわゆる) 7市3町」とまとめられる豊中市、池田市、箕面市、吹田市、茨木市、摂津市、高槻市、島本町、豊能町、能勢町を研究対象とした。この地域は概ね、全体として北側から南側に向かい、山間部、里山や農村、住宅地、主に流通に関わる工業地区、さらに都市部へと変化し、様々な環境を有している。もちろん、大阪の中心的な繁華街である「キタ」や「ミナミ」と呼称される梅田・大阪駅、あるいは難波・心斎橋周辺のような都心部は含まない。しかしながら、自然にも恵まれ、一方で鉄道や高速道路などの交通発達による都市化された地域も併せ持つ、極めて多様性のある地域であると評価できる。この点で、北摂地域は「日本の小さな縮図」といっても過言ではなく、本研究の対象として適切であると考えた。

さて、もう１つのテーマとなる「食」である。実は北摂に関する「食」に関する研究、あるいは資料にはいくつかの偏りが見られる。まず、大阪・北摂地域の「食」だけに焦点を当てた（あるいは広く兵庫県を含めた北摂地域の「食」を対象とした）まとまった既存研究は皆無であることを確認したい。一方で、大阪の「食」を研究対象としたものは散見される。そして、それは主に「大阪の食文化」を中心に語られるものが多い。例えば、『大阪食文化大全』や『日本の食文化⑧近畿』、『聞き書 大阪の食事』などである。そして、これらの研究・資料には、共通した特徴がある。それは、大阪の食文化を代表する言葉「食い倒れ」への注視である。もっとものことではあるが、「大阪（大坂）は天下の台所」と比喩され、古くから商業や流通で栄えた都市である。ここで当然ではあるが、大阪の持つ「都市の食文化」の側面は常に強調される。

『大阪食文化大全』（笹井編 2010）では、第一章で「大阪の割烹と料理」として料理屋について、第二章では「魚市場と青物市場」として市場についてと、飲食店文化や商業に関わる「都市としての大阪」を押し出している。もちろん、この後、第三章「大阪と料理」、第四章「大阪の海魚・川魚」、第五章「練り物と乾物」、第六章「大阪の酒」、第七章「なにわ伝統野菜」と続くが、大阪の北部地域、北摂への注目は少ない。項目では僅か、「池田酒」といくつかの「なにわ伝統野菜」への言及に止まっている。

『日本の食文化⑧近畿』（農文協 2006）は、近畿地方（滋賀、京都、大阪、兵庫、奈良、和歌山）の食文化に関する写真資料・図説と専門家によるその解説である。ここでも大阪の項目の書き出しは「大阪「食い倒れ」の味の真相」とあり、「天下の財と大阪人の合理精神と洗練された味覚がつくり出した「大阪の食事」を……」と締めている（農文協 2006: 82-84）。記述内容においては、商人や商家の食事が主だった話題であり、南北河内や和泉、(本書のテーマである) 北摂は、資料部分で写真が紹介されている程度である。続く、『聞き書 大阪の食事』(日本の食生活全集 大阪 編集委員会 1991) は、先述の『日本の食文化⑧近畿』よりも古い文献であるが、大阪の食文化にさらに詳しい[2)]。ただし、双方とも上島幸子大阪成蹊女子短期大学 教授 (当時) が中心となり編集を進めたため、基本的論調は同様である。前半は、「「食い倒れ」大阪町場の食」、「天満雑貨商の食」、「大阪給料とりの食」と都市的な内容が続き、後半で「河内の食」、「北河内の食」、「南河内の食」、「摂津山間の食」、「和泉海岸の食」と生産地に関する内容となる。本研究の対象となる大阪・北摂地域の「食」は、「摂津山間の食」の章にぴったりと当てはまる形で取り上げられている。ここでは、北摂の山間地域に対象を限定し、四季の食事の紹介、その材料と加工法など、食文化や郷土料理という観点から農家の食について詳細に解説している。加えて、「摂津山間部の食、自然、農・林業」という項目を立て、食とその関連産業、酒米、寒天づくりなどについても記している。

これら大阪・北摂地域の「食」に関する先行研究の特徴、そして傾向を集約すると概ね以下の２点にまとめることができよう。(１) 既存の大阪・北摂地域の「食」に関する研究は、大きく大阪の食文化研究の一部を成している。そして、商業都市としての大阪の食文化に対して、大阪・北摂の地域の食文化は付帯的であること。(２) 大阪・北摂地域の食文化は伝統的な郷土料理 (一次産品とのつながり) のみがことさらに注目されていること。これらの特徴は、先行した研究の性質上当然のことである。先に挙げた３つの研究は、主に食文化の視点に立った成果であり、他地域の食文化と比較して、差異の提示を求められるものである。すなわち、より大阪独自の特徴、「大阪らしさ」が求められる研究・資料であると判断される。その結果として、他地域にも多く存在する農業・漁業の「生産地の食文化」よりも、突出した大阪の特徴となる「商業都市的な食文化」が強調されるのはもっともな帰結であると言えよう。

しかしながら、現代の大阪・北摂地域の「食」は、農山村文化や郷土料理のみに収まらない広がりを見せている。また、「食文化」の枠組みを超えて、「地域振興」にも活かされるものとなっている。そこで本研究では、改めて、より広い視野から、大阪・北摂地域の「食資源」について検討したいと考えたのである。

2.「食資源」の2つの側面

本節では、「量」と「質」という2つの側面から「食資源」という用語について確認したい。「食資源」という言葉からまず想起されるのは、食料の量的問題としての「食糧」であろう。『日本大百科全書』によれば、「食糧」とは「食品の材料となる食べられるものすべてをさす。(後略)」。すなわち、「食糧資源」とは、人間が生存するのに必要となる食料に関する資源であると言える。よって、「食糧」の論点からは、食料（食べ物）の生産あるいは供給の量的問題、また、栄養的な問題が議論の中心となる。例えば、現在、広く知られている「持続可能な開発目標（SDGs：Sustainable Development Goals）[3]」では、人間、地球及び繁栄のための行動計画の目標として17の項目を挙げ、その2つ目の項目が「飢餓をゼロに」という「食糧」の問題を掲げている。すなわち、食糧生産・供給の量が十分であるか、カロリー等の栄養が足りているのかが議論となっているのである。

他方で、「食資源」を「質」の観点からみると（「安心・安全」という基本的な問題はさておき）、「美味しさ」と言う基準が現れる。本章では、一般に「美味学・美味術」あるいは「美食学・美食術」とも訳される「ガストロノミー（gastronomy）」をキーとする概念として置き、整理を試みたい。ガストロノミーは、美食に関わるあらゆる事物や活動をその対象とする学問であり体系である。そこで、「食資源」を「美味しさ」という質的な観点から論ずることで、本論では「ガストロノミー資源」を「質的側面から見た食資源」と位置づけたい（図1-1）。

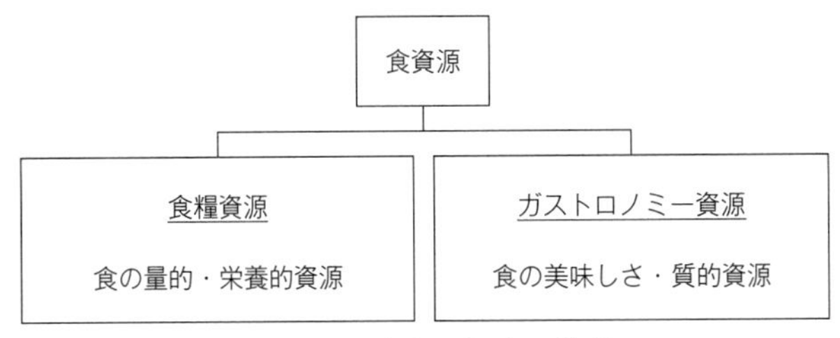

図１－１　食資源概念の整理

出所）村上（2019：462）の〈図表１〉を修正。

先に挙げた食料の生産や配分などの「食糧資源」に関する課題は、人々の生死に直結する問題である。他方の「ガストロノミー資源」を「質的側面から見た食資源」と位置づければ、食料の「美味しさ」に価値が見出される。この点では、「食」の質的問題は非常に贅沢な問題であるとも考えることもできる。しかしながら、国民の大多数が日常の食事に困らない先進諸国において、「ガストロノミー資源」の活用によるグローバルな観光振興や地域創生は、重要課題となっており、見過ごすことはできない。そこで、本書では食資源の質的側面に注目し、「ガストロノミー資源」を議論すべき意義を見出したのである。

３．「ガストロノミー」とは

前節では突然、「ガストロノミー」、すなわち日本では「美味学」や「美味術」として用いられる聞きなれない概念を登場させた。そこで、ここでは改めて、「ガストロノミー」という概念について紹介しておきたい。「ガストロノミー」とはいかなるものなのであろうか。

そもそも、「ガストロノミー」の語源は、紀元前４世紀のギリシャにおいて詩人アルケストラトス（Archestratos）が記したとされる『ガストロノミア（gastronomia)』（古代のギリシャ語で、消化器を表す「ガストロス」に学問あるいは規範という意味の「ノモス」を合わせた言葉とされる）のフランス語訳題が「ガストロノミー（gastronomie)」という言葉になったことにあると考えられている。後に時を経て、ジョセフ・ベルシュー（1801）『ガストロノミーまたは食卓についた田園の人』やブリア・サヴァラン（1825）『美味礼賛（味覚の生理学）』などのガストロノミー文学、換言すれば美食文学が、「ガストロノミー」という言葉を広めるきっかけとなった（八木 2010：20-24）。

そして、特に本書での議論では、ブリア・サヴァラン（Jean Anthelme Brillat-Savarin, 仏：1755-1826）を現代におけるガストロノミー「論」、すなわちガストロノミー「体系・理論」の祖としたい。サヴァランは『美味礼賛』の中で、「美味学（ガストロノミー）とは栄養のうえから言って人間に関係のあるあらゆる事柄の整理された知識をいう」と定義し、その「整理された知識」に関連して、博物学、物理学、化学、料理術、商業、国民経済を挙げている（サヴァラン 1963：68-69）。社会科学分野における日本のガストロノミー研究の第一人者と目される尾家建生氏は、サヴァランによるガストロノミーの定義を「整理された知識（学問体系）、一定の原理（美味を創り出す調理技術）、原動力（地域社会の活動を引き起こす力）」と整理している（尾家・玉置・村上 2014：98）。

また、食と農の研究所（早稲田大学総合研究機構）所長の福田育弘氏が示すように、サヴァランのガストロノミーは社会性を軸に構成されている。「社会的なグルマンディーズ（la gourmandise sociale）」すなわち社会的なガストロノミーの実践というフレーズからも、ガストロノミーに社会性を求め、近現代のフランス「ガストロノミー」がただ美味しい料理を作ったり食べたりするものではないということが見て取れる（福田 2018：266-269）。

サヴァランによるガストロノミーの定義、そして、その考察から言えることは、近現代における「ガストロノミー」は、単純な「栄養の問題」、「生化学的な美味しさ」や「食味」を作り出す術だけに止まらず、美食に関わる極めて広範な事象の体系であるということである。

ただし、サヴァランがいわゆるガストロノミー文学を描くことができたのも、フランス革命を契機にレストランが誕生し、美食が享受可能な外食産業・外食文化がフランスで発達したからである。革命により、王族・貴族階級の贅沢であった美食は一般のものとなった。これが近年まで、「ガストロノミー＝高級料理」という認識の原型となったとも考えられる。贅を尽くした素材の選択から、調理法に止まらず、器や店の造りのような喫食の環境に至るまで、料理人が主体となり妥協なく美食を追求する「高級料理」としての「ガストロノミー観」である。この「高級料理」としての「ガストロノミー観」の背景には、先に示した「ガストロノミー」という概念が発展した中世のフランスにおける上流社会文化があると思われる。現代においても、その一端が2010年におこなわれたユネスコ無形文化遺産への「フランス人のガストロノミー的食事」の登録に見られる。その登録過程の当初、フランスのガストロノミーは、エリート主義的で経済的な豊かさを強調する形で喧伝された（玉井 2018：347-348）。これは、フランス人の「ガストロノミー観」を示す象徴の１つの事例とも言える。また、他国から見たフランスの「ガストロノミー」も同様、あるいは似通った見方であったことも推測される。すなわち、特別な料理人（スターシェフ）が創り出す贅を尽くした美食こそが、「ガストロノミー」であるという捉え方である。これは現代における「ガストロノミー＝高級料理」という「ガストロノミー観」の１つの類型であるとも言えよう。

「ガストロノミー＝高級料理」という認識がなされる一方で、「ガストロノミー」はグローバルな広がりも見せていた。世界各地での新しいガストロノミー思想とその実践である。

例えば、イタリアでは「スローフード（Slow Food）運動」が挙げられる。「スローフード運動」は、1986年にイタリアのカルロ・ペトリーニ（Carlo Petrini）によって提唱されたファストフードに対照するムーブメントである。「スローフード運動」では、イタリア各地域の伝統的な食文化や食材を再評価し、ゆっくりと楽しみながら食事を取る。ペトリーニは、自らをガストロノモ（Gastronomo：美食家）としながらも、「（受け身の消費者ではない）共生産者」や「おいしい、きれい、ただしい」（ペトリーニ 2009：12-14）といったコンセプトを挙げ、料理人を必ずしも主体としない「新しいガストロノミー」コンセプトを掲げている。「スローフード運動の新しいガストロノミー」の定義として、「幸福を分析する科学」を位置づけ、「食べるという人間のすべての行為に関わるテーマ」とした。また、関係する学問に、植物学、遺伝学、他の自然科学、物理学、化学、農業、畜産業、培養学、エコロジー、文化人類学、社会学、地政学、政治経済、商業、技術、産業、専門知識、料理、生理学、医学、認識学などを挙げており、極めて網羅的である（ペトリーニ 2009：79-81）。これは、サヴァランの示した「整理された知識」に関わる事象「博物学、物理学、化学、料理術、商業、国民経済」と対比される。つまり、イタリアで「スローフード運動」のもと発祥した「新しいガストロノミー」は、近代フランス由来の料理人を主体としたガストロノミーを基礎としながらも、その主体を消費者側にも移したのである。

また、バスク地方の「ヌエバ・コッシーナ・バスカ（Nueva Cocina Vasca：新バスク料理）」も、ガストロノミー思想とその実践に一石を投じている。バスク地方は、ピレネー山脈を挟んでスペイン（バスク自治州・ナバラ自治州）とフランス（ピレネー・アトランティック県の一部）の両国にまたがり存在しているバスク語を話す人々が住む地域である。モンドラゴン協同組合に代表されるように、バスク地方の相互扶助や地域コミュニティの発展を目指す精神は、広く知られるところとなっている（吉田・萩尾編 2012：324-327）。「ヌエバ・コッシーナ・バスカ」の誕生のきっかけは、1976年にマドリッドで開催された雑誌“Gourmet Club”の“Round Table”というイベントに、フランスから「ヌーベル・クイジーヌ（Nouvelle Cuisine：新しい料理）」の創始者ポール・ボキューズ（Paul Bocuse）が招かれたことに始まる。「ヌーベル・クイジーヌ」は、当時のフランス料理における新しい潮流であり、バターを大量に使わない、宮廷料理の再現を目指さない、その日に市場で手に入る食材を用いてメニューを考える等の特徴を持っていた。バスクから参加していたファン・マリ・アルサック（Juan Mari Arzak）とペドロ・スビハナ（Pedro Subijana）（ともに、後に3つ星シェフとなっている）

は、伝統料理を打ち破る手法に衝撃を受け、また季節の食材を使うバスク料理の伝統を再認識した。翌1977年には、２人はフランス・リヨンのポール・ボキューズを訪ね、指導を受け、バスクにおける新しい料理「ヌエバ・コッシーナ・バスカ」が始まった。アルサックの定義する「ヌエバ・コッシーナ・バスカ」は、①忘れ去られた伝統料理を復活すること、②間違えて伝わっている伝統料理を正しく直すこと、③常に料理を進化させることの３つである（石井 2012: 2-7）。サン・セバスチャンの料理人達は集まり、お互いに教え合い、美食の知識や技術は共有される。バスク的な文化である相互扶助や地域コミュニティの発展を目指す精神が働き、通常は秘匿される料理のレシピや調理法が共有されたのである。そもそも、バスクには「美食倶楽部（Sociedad Gastronómica）」というコミュニティがあり、一般の男性同士が料理を作り、教え合い、共に食べる伝統があった。料理の分野においても共有する文化が存在したのである。そして、多くの料理人がこの美食倶楽部に属したことも、サン・セバスチャンの美食レベルを底上げしたことにつながっている。より多くの料理人が、情報を共有し、課題に当たることで、お互いのレベルを上げ、結果的に地域全体の美食の水準を押し上げたのである。この結果、サン・セバスチャン（San Sebastián: バスク語では Donostia）は、2019年には単位面積当たりのミシュランの星獲得数（11店: 星18個）（サン・セバスチャン観光局 2019: 28）が世界で一番多い都市となり、バスク地方の観光の中心地の１つとなっている。ここで注目すべきことは、「ヌエバ・コッシーナ・バスカ」すなわちスペイン・サンセバスチャンにおけるガストロノミー思想とその実践は、フランスの「ヌーベル・クイジーヌ」と「ガストロノミー」をルーツに持ちながらも、「美食のオープンソース化」をおこなったことである。そこでは、フランス料理の徒弟制度的な慣行を打破し、ガストロノミーの主体を「（個別の）料理人」から「地域コミュニティ」に発展させたのである。

紀元前４世紀半ばに古代ギリシャで産声を上げた「ガストロノミー」は、近代以降のフランスで大きく成長し、現代では世界各地で多様に進化を遂げている。ここでは、イタリアの「スローフード運動」とバスク地方の「ヌエバ・コッシーナ・バスカ」をその代表として挙げた。世界では近代フランスの「ガストロノミー」をその端緒としながらも、「ガストロノミー」の思想と実践の主体は、個別の料理人の仕事を超えて、ただ美味しいものを創り出すことから「消費者としての運動」あるいは「地域コミュニティとしての運動」にもその範疇を広げている。また、その中興を成したフランスにおいては、「フランス人のガストロノミー的食事」としてユネスコ無形文化遺産となり、フランス人の誇りとなり、フランスという国の魅力の一端を形成しているのである。

4．日本の観光と観光研究における「食」の扱い

一方で、「食」という分野は、観光実態の中で、あるいは観光研究においてどのように扱われてきているのであろうか。まず、観光における「食」について確認する。日々、目にする新聞や新聞広告やテレビなどのマスメディア媒体には、「グルメ・美食」を謳った観光商品や特集などが数多く見られる。これを反映するように、各種調査においても観光動機として「食」は常に上位の回答を占めている。例えば、『旅行年報 2022』の旅行動機に関する調査によると、「旅先のおいしいものをもとめて」の項目が、新型コロナウィルス蔓延拡大前の2019年のアンケートでは（複数回答形式ではあるものの）１位で62.4％を示している。新型コロナウィルス感染が心配される2022年の結果でさえ２位で65.3％と１位と僅差での動機なのである（図１-２）。このような結果からも、旅に「食」を求める旅行者の実態がはっきりと窺えるだろう。

では、「食」による地域振興の研究の中心である観光研究分野では「食」はどのように扱われてきたのであろうか。まず、2000年代頃から「食」を目的とした旅であるフードツーリズム[4)]が世界的流行を見せ始めたことで、旅・観光における「食」の研究も進展を始める。まとまった形の成果として、Anne-Mette

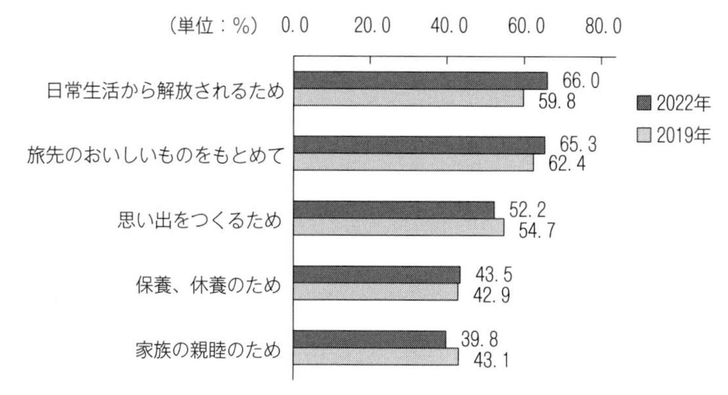

図1－2　旅行の動機（複数回答）**上位5項目**

出所）日本交通公社（2022：48）より摘録し作成。

Hjalager & Greg Richards（2002）*Tourism and Gastronomy* や C. Michael Hall（2003）*Food Tourism Around the World* などが挙げられるだろう。また、日本においても、いくつかの研究グループが関連の研究を開始している。

まず、2000年1桁台には、日本のバブル経済崩壊後のいわゆる「B級ご当地グルメ」ブームと相まって、観光受け入れの都市側の戦略の観点から、関満博氏らのグループが複数の書籍（関満・遠山 2007；関満・古川 2008a；関満・古川 2008b）を出版している。これら研究成果は、一貫して地域産業の振興を問題意識とし、多数の研究者によって日本全国の事例を丹念に調査している。ただし、事例研究が中心であり、フードツーリズム研究への理論面での貢献は限定されるだろう。

純粋な観光研究では、2007年に旅の販促研究所が安田亘宏氏を中心に『食旅入門 フードツーリズムの実態と展望』（安田・中村・吉口 2007）を上梓した。本書では、主にアンケートによる日本国内のフードツーリズムに関する実態調査、ならびに国内外のフードツーリズムの類型化を都市単位でおこなっている。加えて、安田亘宏氏は、2013年の『フードツーリズム論 食を活かした観光まちづくり』（安田 2013）において、フードツーリズムの歴史、現状、類型化を中心にまちづくりの観点から、体系的かつ網羅的にフードツーリズムを考察している。

一方、日本におけるフードツーリズム研究の第一人者と目される尾家建生氏は、2009年にフードツーリズム研究グループ（現「日本フードツーリズム学会」）を発足し、個人並びに組織的にフードツーリズム研究を進めている。2012年には、科学研究費助成事業 基盤（C）にて「ガストロノミーを基本概念とするフード・ツーリズム開発の研究[5)]」を実施し、2017年には博士学位論文として『ガストロノミーを基本概念とするフードツーリズム開発の研究』（尾家 2017）をまとめている。当該の論考は、恐らく日本のフードツーリズム研究において最も理論的かつ体系的な研究であると評価される。加えて、2023年に最新の研究成果をまとめた『ガストロノミーツーリズム――食文化と観光地域づくり』（尾家・高田・杉山 2023）を高田剛司氏、杉山尚美氏らとの共著で一般に向け出版している。

また、日本フードツーリズム学会の会員を中心とし、2022年に、当時の会長である中村忠司氏（氏は、先に紹介した『食旅入門――フードツーリズムの実態と展望』の著者にも名を連ねている）を編者として、『人はなぜ食を求めて旅に出るのか――フードツーリズム入門』（中村編 2022）が出版されている。

このように、日本における「食」による地域振興の研究の核を成すフードツーリズム研究は、少数ではあるものの着々と研究成果が蓄積されてきている。一方で、観光学研究全体の中での「食」の扱いは、旅・観光における「食」の存在感を必ずしも反映したものではない。同様の事柄は、「観光資源分類」等にも強く見て取れる。

ここからは、まず、日本の観光実務における「観光資源分類」について確認したい。日本の主要な観光業に関する資格として、観光庁が認定する国家資格である「旅行業務取扱管理者」が存在する。旅行業務取扱管理者とは、旅行業法に定められている旅行業者及び旅行業者代理業者の営業所における顧客との旅行取引の責任者のことである。検定試験においては、旅行業法及びこれに基づく命令、旅行業約款、運送約款及び宿泊約款、旅行実務が科目設定されている。当該の試験に関わる教材として主だって用いられているテキストの1つ、JTB総合研究所編集・発行の『国内旅行実務 国内観光資源』(JTB総合研究所2022) に目を向けると、第2部において「カテゴリー別にみた観光資源」の章が設定されている。本書のカテゴリー分類を確認すると、「1. 山岳」、「2. 峠・峡谷・渓谷」、「3. 滝・鍾乳洞」他などの自然景観に関わるもの、「11. 神社」や「12. 寺」などに代表される歴史的な資源に関わる項目に比して、「19. 祭り・年中行事・民謡・料理・名産品、ユネスコジオパーク」の中の「料理 (あるいは、加えて名産品)」として、「食」の扱いは非常に小さいと言わざるを得ない。

以上のような自然資源や人文資源でも歴史的資源、施設に傾斜した観光資源の認識は、1つに公益財団法人 日本交通公社 観光資源調査委員会の選定する「A級観光資源」と「(特) A級観光資源」の影響が大きいものと思われる。本分類は、建設省道路局 (1974)「観光レクリエーション交通調査」、日本交通公社が収集、作成し、蓄積してきた「全国観光資源台帳 (1999年)」を基礎として議論を進めている。そして、「観光対象としてすでに知られており、(中略) 一般に観光利用ができる」だけでなく「(前略) 観光対象となってから原則としておおむね20～30年が経過し、すでに社会的な評価が定まったと考えられるもの」(日本交通公社監修 2014: 276) を基準として選択しているのである。

このような選定過程と基準が、「食」に関する観光資源を重視しない傾向を生み出していると思われる。ただし、観光業実務の基礎的な知識取得の側面において、この選択は正しい。一方で、観光学の研究という枠組みで見た場合、観光行動の実態把握、論理的な資源分類という意味では十分ではないとも言える。加えて、2000年代頃からの「食」を対象とする観光であるフードツーリズムの流行は、先の「20～30年が経過し、すでに社会的な評価が定まった」という基準と考え合わせると、当該の枠組みによる観光資源分類について再検討の時期に差し掛かっていることも示唆される。

では、日本の観光資源研究における「食」の位置づけは、どのようなものなのであろうか。戦後の日本における初期の総論的観光研究である前田勇氏編著の『観光概論』[6)] を見ると、「観光対象と観光資源」という章が設けられている。ここでは「観光対象の分類」として、「観光資源」と「観光施設（含サービス）」を挙げ、「観光資源と観光施設（含サービス）が、実際には複合した形で観光対象となっている」（前田編 1978：45）ことに注視している。そして、「食」の位置づけとしては、ここに直接的な表記はない。強いて関係する項目を探せば、「観光施設（含サービス）」の中に「２．飲食施設」があり、例としてレストランとバーが挙げられていること。あるいは「３．物品販売施設」の例として、土産物店が記載されるのみである。

次に日本における観光資源研究に特化した研究についてである。観光資源に関する考察をまとめた優れた成果の１つに高橋光幸氏の研究（高橋 2014：109-125）がある。ここでは、日本における戦前から比較的近年に至るまでの観光対象と観光資源および観光施設の定義と分類に関して、研究者がどのように考えてきたかについて、整理と検討がおこなわれている。日本における主要な観光資源研究を網羅的に調査し、主要な研究の特徴について、定義と分類の論点から議論しているのである。ここで本章の問題意識から「食」に焦点を当てた観光資源に注目すると、その出現頻度は少なく、扱いも軽いことが分かる。取り上げられる観光資源（あるいは、観光対象や観光施設）は、ほとんどが先に記した「飲食施設」に類するものであり、「食」そのものを指摘したものは生活（衣食住）における「食」、「食事」程度に止まる（唯一、具体的な例とされるのは、井上萬壽蔵氏の研究における「郷土食」の記述のみだと思われる）。

これらの点から推するに、日本における観光資源研究において、観光資源としては「食」に目が向けられてこなかったことが読み取れるだろう。言い換えれば、「食」に関わる観光は、文化観光の一部であるという認識であったと言って差し支えない。そして、日本の観光資源研究における「食」にあまり注意を払わない傾向は、2023年現在においても基本的に同様であると言えよう。

５．世界の観光と観光研究における「食」の扱い

一方で世界に目を向けると、観光における「食」の扱いは近年大きな動きを見せている。国連世界観光機関（UNWTO）は2012年にフードツーリズムに関する報告書を示し、さらに2021年には『ガストロノミーツーリズム発展のためのガイドライン』（World Tourism Organization and Basque Culinary Center 2021）を提示した。ご存じのように、「ガストロノミー（Gastronomy）」とは、日本語で「美味学」や「美味術」と翻訳される言葉である。ただし、現代においては、単に美食の調理や提供、喫食だけでなく、美食に関わるすべての事象、あるいはその体系を指していると考えられる。すなわち、「ガストロノミーツーリズム」は「美食に関わるすべての事象を対象とした観光」と理解される。そして、当該のガイドラインは、「それぞれの地域のレベルに応じてガストロノミーツーリズムの発展を助ける、実践的ツール」（World Tourism Organization and Basque Culinary Center 2021〔日本語版〕: 6）[7]と位置づけられている。

この論稿の特徴は、観光学あるいは従前の観光実務の観点からの枠組みだけでなく、マネジメントやマーケティングに関わる学術的知見、それらの専門家、コンサルタント的知見が活用されている点である。例えば、この論が対象とする観光資源に関しては、経営学における「バリューチェーン（価値連鎖）」[8]の考え方を採用したフレームワークを示している。そして、ガストロノミーは食卓やレストランを超えて広がっていること、ガストロノミーツーリズムの価値形成プロセスには、「ガストロノミーに関する風景、地域の文化、料理の特色、有形無形の文化（料理技能、伝統レシピ、調理器具）などの付加価値」が含まれ、「公共政策、インフラ、人材育成、研究等」が影響を与えるとしているのである。そして、必要な分析要素として、以下の７項目（World Tourism Organization and Basque Culinary Center 2021〔日本語版〕: 16）を挙げている。

（1）ガストロノミーに関する文化：自然資源、文化資源、ガストロノミー資源：ガストロノミーの旅行のルートと旅程、風景、道、レシピ、典型的な料理、料理技能など。

（2）ガストロノミー産品・製品、生産者、食品産業：原産地名称保護（PDO）及び地理的表示保護（PGI：海、土地、牛の血統など）の表示付き高品質産品・製品、また、その生産エリア及び関連の観光及びレジャー活動。

（3）ホスピタリティ分野（ケータリング及び宿泊施設）：定量的及び定性的：施設数、種類（高級料理、オリジナル特製料理、伝統料理、人気料理、タパスバー（スペイン料理と小皿を提供するバー）、ガストロバー（高級なビールや食べ物を提供するバーとレストランを兼ねた飲食店）など）、地理的分布・種類、ガストロノミーに関連した品質ラベル。

（4）専門的業種：伝統的な市場、露天市場、地域の特産品、惣菜店、ワインセラーなど。

（5）ガストロノミーに関する文化を広めるためのイベント及び活動：農業、漁業、畜産・養殖業の生産品を提供する見本市・市場、ガストロノミーイベント、ガストロノミーに関する活動を行う会社。

（6）ガストロノミー教育の場：博物館、ワイン、食料品の解説センター。

（7）ガストロノミーに関する研究・研修センター：ガストロノミーに特化した大学、ホスピタリティを専門とする学校、研修センター。

これら要素分類の執筆については、モンドラゴン大学（Universidad de Mondragó）食科学学部の拠点であるバスク・クリナリー・センター（Basque Culinary Center）が中心的な役割を担っている。このことから、「6．ガストロノミー教育の場」と「7．ガストロノミーに関する研究・研修センター」を分けるなど、重複とも見られる項目や多少の恣意性も見て取れる。しかしながら、これまで掬い上げられていなかった重要な要素にも光を当て、極めて広範かつ実用的な要素分類となっている。ただし、ガイドラインとしては優秀である一方で、観光資源研究という観点では単純なグルーピングによる分類であり、学術性という意味では十分ではないとも評価される。そこで本論では、より広範囲かつ論理性に重点を置いた地域振興に関わる「食」に関わる資源の類型化をおこないたいと考えたのである。

6．広義の食資源、広がる食資源

他方で、筆者はこれまでにフードツーリズムに関わる観光資源について、いくつかの論稿を記している。まず、拙稿「フード・ツーリズムにおける差別化要因としてのガストロノミー」(村上 2012: 193-196) では、「ガストロノミーの構成とツーリズム」を対比させた尾家建生氏の研究成果 (尾家 2019: 377-380) を基礎として、さらに「生産側」と「消費側」を縦軸、「都市型」と「地方型」を横軸[9]として、より細かく具体的な類型を示した。さらに、経営学における資源ベース戦略論 (Resource Based View) の VRIO 分析 (経済価値、希少性、模倣困難性、組織の問い) (Barney 1997: 125-136＝2003: 250-271) による価値判断の方向性を例示している。

さらに、拙稿「ガストロノミー資源とガストロノミーの主体」(村上 2019: 461-464) では、ブリア・サヴァラン『美味礼賛』における「ガストロノミー」、イタリアの「スローフード運動」、スペイン・バスク地方の「ヌエバ・コッシーナ・バスカ」を中心に検討し、一定の地域全体を意識する「実行主体としてのガストロノミー資源 (すなわち人や組織)」と「(客体としての) 活用すべきガストロノミー資源体系」の整備の必要性を見出している。

ここでは、主体としての資源である「人 (あるいは組織)」について、従前の観光資源論ではまったく「資源」(あるいは観光対象) とは認識されていなかった

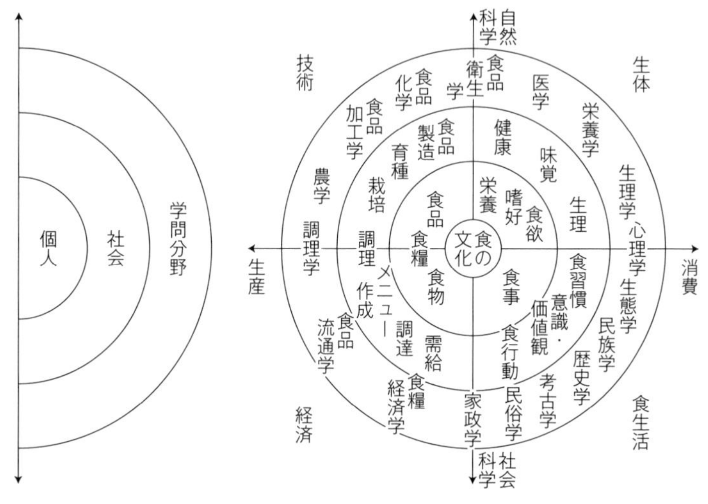

図1－3　「食の文化マップ」

出所）石毛監修（2007：32）。

事柄を突然として挙げているように見える。しかしながら、これはガストロノミーの構成要素としての「人（あるいは組織）」を資源論に対照させた結果である。また、「人」を資源とする文脈（人的資源論）は、経営学分野、また実業界においては当然のように用いられている[10)]。

加えて、当該の論稿では、食資源を食の栄養的・（生産、供給、消費の）量的側面から捉えた「（いわゆる）食糧資源」と食の美味しさを支える質的な側面から捉えた「ガストロノミー資源」に分類し、地域振興分野において、より広範な意味での「食資源」の定義を提案している。これに関連して、筆者は従前より生化学的な意味での美味しさ、すなわち純粋な「食味」以外の美味しさについて、伏木亨氏の示す４つの嗜好の構成要因（伏木 2008：28）の中でも、「（２）食文化に合致したおいしさ」と「（３）情報がリードするおいしさ[11)]」に注目してきた。「味覚」は口腔内での信号の受容とその脳への情報伝達であるが、「嗜好」は食に対する好悪の判断であり、それは長期にわたる学習と記憶による総合的判断基準である。すなわち「美味しさ」は、「味覚」による「食味」のみでは定まらず、文化や付加的な情報を含めた多様な要素によって個人的に判断されるということである。そうなれば、「食」を目的とするフードツーリズムなど、「食」を通じた地域振興に関わる資源の選定と整理に関して、既存の観光資源のみを基礎とする考え方では不十分なことは明らかであろう。

従前からの食文化研究においても、「食」に関わる社会事象や学問はきわめて多岐に渡ることが指摘されており、「食の文化マップ」（図1-3）として知られている。これは中心に「食の文化」を置き、その外延に「個人」のレベル、さらに「社会」のレベル、「学問分野」のレベルと配置している。また、縦軸には、「自然科学－社会科学」、横軸には「生産－消費」を配置し、４つの次元としての「生体、食生活、経済、技術」を区分けしている。ここに、「食」に関わる事象の多様性と広がりが容易に見て取れるだろう。

さらに近年においては、「フードテック（FoodTech：食（Food）と技術（Technology）を合わせた造語）」と称して、様々な「食」に関わる問題を最新の科学技術を活用して解決する試みがある。本件に直接的に関係する事例であれば、「ガストロフィジクス（Gastrophysics：ガストロノミー（Gastronomy）と精神物理学（Psychophysics）を合わせた造語）」が挙げられる。ここでは、「喫食者を騙して美味しく感じさせてやろう」といった欺瞞的錯覚を狙うのではなく、味覚以外の感覚を含めた多感覚（Multisensory）を通じた総合的な「美味しさ」についての実験を基礎とした定量的研究がおこなわれている。例えば、ガストロフィジクスの代表的研究である『「おいしさ」の錯覚』（原題は *Gastrophysics : The New Science of Eating*）（Spence 2017＝2018）では、以前より「美味しさ」に関わると一般的に考えられてきた「味、香り、見た目」以外にも「音、手触り・口当たり、雰囲気、社会的な交流」などを研究対象として挙げている。

このように、「食」に関わる事象の多様性や広がり、あるいは新たな「食」に関わる研究動向などが、地域振興に資する食資源の選定ならびに整理方法を勘案する際に必要となる。次節では、これまでの議論を踏まえ、「地域振興における食資源体系」について提案したい。

7．地域振興における食資源体系

ここまでの議論を受け、まず本稿では地域振興における食資源の体系的整理、類型化の目的として、次の２つを挙げたい。（１）地域振興における食資源に対する学術的理解、（２）地域振興における食資源活用のガイド的役割である。

地域振興における食資源の要素の具体的な類型化については、次のような手順で進める。まず、要素選定の範囲としては、「(一般的な意味での従前から挙げられていた) 観光資源」、「ガストロノミー資源」はもちろんのこと、その外延的に隣接して存在する関係事象を「食の文化マップ」、さらに「ガストロフィジクス」を参考に広く抽出する。続いて、これらの項目をグルーピングし、漏れや被りの無いよう整理統合する。最後に、フードツーリズムの目的である「食」の核心を成す「フード」、すなわち食べ物、特に喫食の対象となる「料理」を中心に置き、関係性の強さを元に徐々に距離を取る形で配置する。ここでは一応の客観的基準として、直接飲食物に関わる事象か、間接性の高い事象か(例：食材－生産者－環境) といった構造を基礎とする。また、分類に際しては大きく自然や天然資源に関わる「自然的資源」、人の所産である文化や文明に関わる「人文的資源」、人間と人間の関係で生じる「社会的資源」に大きく区分する。ただし、これら２つ以上の分野にまたがる事案も想定されるので、単純な三分法的なものではない。

以上の手順により「地域振興における食資源体系の概念モデル」を試作する。では、まず、要素をグルーピングし、「地域振興における食資源の20の要素」について説明する。なお、それぞれの項目を象徴的に表すであろう具体的事例には下線を引いた。

1．気候・風土：特定の地域を特徴づける気象、気温や大気の状態、さらにその地域の地形や地質など。地域の産品や料理などを特徴づける自然を指す。後述する「景観」や「一次産品」が成される基礎となっている。「一次産品」については、特にいわゆる「テロワール（Terroir）」すなわち、生育地の地理、地勢、気候による特徴を与える。

2．景観：山、川、海や雪景色などの自然景観に止まらず、田園風景や広大な耕地などの人間と自然の相互作用によって生み出された文化的景観なども含む。加えて、視覚で捉えられる景観だけでなく、気候・風土と合わせ、その空間の持つ「音」や「匂い」といった他の五感で受け取られる要素も包含される。さらに、ただ美しい、珍しいというだけでなく、「食」との関りが深いほど、食資源としての価値が高まると考えられる。

3．一次産品：農産物、海産物、畜産物などの飲食物の原材料となる産品であり、料理の素材となる。一般に地域の気候・風土の特徴を色濃く示すものほど、食資源として評価される。

4．加工品：地域の一次産品を加工してでき上がる産物。実際には特産品などと呼ばれ、その地で食される他、旅の土産ともなる。

5．生産者：農家、漁師、酪農業者などの一次産品の生産に関わる者に加え、食品加工業者や醸造家など、飲食物の生産に関わる人・組織をすべて含む。主体となって、地域の「食」の基礎を創り出す。

6．飲料：地域で醸造、流通される日本酒、ワイン、ビールなどのアルコール類を中心とした飲料、あるいはソフトドリンク。単体での飲料としての価値だけでなく、地域の他の「食」との組み合わせやシナジー効果（いわゆる「ペアリング」）が重要となる。

7．料理人：一次産品を調理し、料理をおこなう者、具体的にはシェフやコック、各種の調理師を指す。当然、料理の技能を求められるが、地域振興の観点では地域の食を紹介するホスト（主体）としての役割を担う。

8．調理法：素材の選別から下処理、煮炊き、焼き等の料理をおこなう手法、レシピを指す。素材である一次産品と合わせ、生化学的な意味での食味の根幹を成す。この点で、美味しく、地域性が高く特徴的であるほど食資源としての価値が高まる。また、後述の食器と合わせた盛り付けは、食味以外の部分でも、料理の美味しさの演出を形作る。

9．料理：各国料理、郷土料理、ご当地グルメなど。各地域の特性を生かした料理。食味として美味しいだけでなく、何らかの形で、地域の特徴や歴史、誕生の経緯があるものが評価され得る。

10. 食習慣：地域に伝わる飲食の方法、食事マナーなど。これらを飲食と同時に体験できることが、地域の「食」の価値を高める。

11. 食器：地域の特徴が表れた器、陶磁器、漆器、カトラリーなど。食習慣や盛り付けと関連し、料理の価値を増強する。

12. 飲食店：食事処、レストランなど飲食の提供を専らとする施設に加えて、料理旅館、オーベルジュなどの飲食を核とした宿泊施設、さらに飲食が可能なあらゆる施設を含む。施設としての使用価値以外に、提供する「食」の特徴を表現し、それと適合的であるほど有用となる。よって、そこで出される料理の雰囲気と同様の、あるいは補強する特性を持つものが良いと考えられる。

13. 商業施設：一般の市場（いちば）や卸売市場（しじょう）、朝市など、各種市場。あるいは、道の駅のような直販所や地域スーパーマーケットなども含まれる。前出の一次産品や加工品の販売を担う。また、場合によっては試食などの体験の場ともなる。

14. 観覧施設：「食」に関わる博物館やテーマパークなど、観覧のみに止まらず、五感を用いた遊園機能や体験機能を持つ施設も含む。場合によっては、観光農園や漁業体験なども含む。

15. 学校：「食」に関連する研究・教育活動をおこなう大学や専門学校などを中心とした研究・教育施設。料理人や生産者、地域振興の推進者を教育育成し、その後ろ盾となる理論を構築・発信する。

16. 言説：「食」に関わるストーリー。「食」の登場する地域の民話や言い伝え、小説などフィクション・ノンフィクション。地域の「食」に意味的な独自性・唯一性を与えることで、追加的な価値を付与する。

17. ブランド：地域ブランド、殊に地域と商品の名称を組み合わせた「地域団体商標」、地域の特性を有する産品の名称を保護する「地理的表示（GI）」などの取得と活用。これらは、地域の「食」を他のものと差別化するとともに、その価値を防御する。

18. 批評文化：「食」に関する情報誌やインターネットサイト等の批評・ランキングなど、喫食者が参考とする情報。これにより、飲食店の選択は容易化される（選択され易くなる）とともに、「食」の評判としての価値を創り出す。

19. イベント：「食」にまつわる神事や祭事、例えば収穫祭や大漁祭、解禁祭など。加えて、商業的なフードイベント、街バルなど。季節行事、節句なども含む。

20. 推進組織：フォーマル、インフォーマルを含めた「食」に関わる組織やコミュニティ。料理人や生産者、地域の自治体、場合によっては有志によって構成され、主体となって地域振興を推進する。具体的には、地域の観光協会やDMO（Destination Management / Marketing Organization）、料理人の組合、ご当地グルメの推進団体などの例が挙げられる。

以上に挙げた20の項目を「自然的資源」、「人文的資源」、「社会的資源」に大別し、直接喫食に関わる事象をより中心に近く、間接性の高い事象をより外縁部に近い形で配置したものが「地域振興における食資源体系の概念モデル」（図1-4）である。

実際に存在する事象を見ると、多くの場合は複数の資源の要素を併せ持つものも多い。例えば、近年の高速道路のサービスエリアは、休憩を取るだけでな

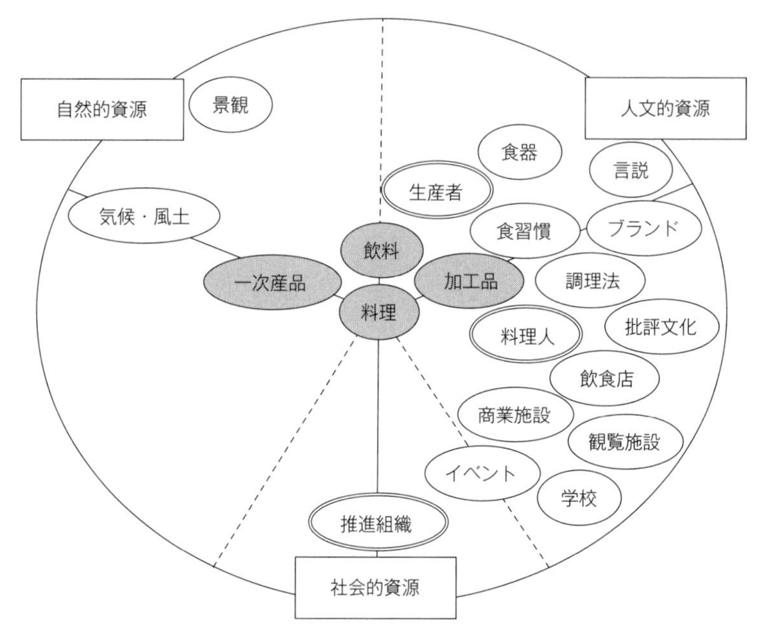

図1－4　地域振興における食資源体系の概念モデル

注）「食」による地域振興の主体となりえる人的な資源を二重丸で囲み、直接的に喫食の対象となる資源の背景に色を付けた。実線がそれぞれの資源の中心、破線が概ねの境界を指す。
出所）筆者作成。

く、料理を提供し、地域の特産品を購入することもできる。さらに、展望施設(景観)、観覧施設を併設する場合もある。これは、施設の設置者が意図的に施設の魅力を高めるため、また複数の要素を組み合わせることで模倣困難性を高め、差別化を図ることを目的としていると考えられる。加えて、「食」による地域振興の成功事例の中には、意図しないままに、これらの良い組み合わせが偶然の産物として発生したものも散見されると考えられるのである。

本章では主に、日本の観光実態と観光研究における「食」、特に地域振興に関わる食資源の位置づけとの乖離に注目し、議論を進めてきた。そして、その結果、より広い範囲を対象として地域振興に資する食資源を収集し、体系的に整理する必要性を示した。さらに、「地域振興における食資源の20の要素」の提案ならびに、「地域振興における食資源体系の概念モデル」の提案をおこなった。ここでは、「食」における美味しさは、生化学的な意味での「食味」のみによって定まらないという比較的新しい他分野の研究成果を基礎として、幅広い分野から多様な要素を選択して「地域振興における食資源の20の要素リスト」を案出している。

このリストを通じて、現在それぞれの地域で、有用であるとまだ認識されていない資源が発掘あるいは利用されることを期待したい。また、多様な資源の組み合わせによる相乗効果によって、直接的に「食」に関わる飲食店等の第三次産業だけでなく、地域の製造や加工に関わる第二次産業、また、農林水産酪農業などの第一次産業に対しても、その振興に資すればと考える。地域振興という観点では、地域の一部の業者や組織だけが潤えば良いというものではなく、広く地域のためにならなくてはいけないからである。

以降の章では、ここに示した考え方に基づき、大阪・北摂地域における「食」を通じた地域振興の事例の中から、「ガストロノミー資源」を有効に活用していると思われる事例、興味深い事例を挙げ紹介し考察をおこなっている。本章の食資源に関する整理と続く事例研究が、「食」を通じて地域振興を目指す諸氏に何がしかの示唆となることを願う。

付記

本章は、「大阪・北摂地域」に関して書き下ろした考察に加えて、初出、拙稿（2019）「ガストロノミー資源とガストロノミーの主体」『第34回 日本観光研究学会全国大会論文集』日本観光研究学会、pp.461-464、ならびに、拙稿（2023）「地域振興における食資源の体系的整理」『日本フードツーリズム学会誌』２、日本フードツーリズム学会、pp.7-14の各論文を加筆修正、摘録したものである。

注

１）摂津国は、701年（大宝元年）の律令による五畿内（大和・河内・和泉・摂津・山城）の１つで、現在の行政区分では大阪府の北部、兵庫県の東部に当たるとされる。富田監修（1998：17）。

2）逆に「時系列的な観点」と「テーマの範囲」から見れば、『日本の食文化⑧近畿』の大阪の項目は、『聞き書 大阪の食事』のダイジェスト版と見ることもできるかもしれない。

3）2015年の国連サミットで採択された「持続可能な開発のための2030アジェンダ」にある2030年までの国際目標 United Nations HP "Sustainable Development Goals" https://www.un.org/sustainabledevelopment/（2023年10月10日閲覧）。

4）中村（2022：6）は、フードツーリズムを「旅行者が訪問地での飲み物を含めた土地に根ざす味覚を体験する観光形態」であると定義している。

5）尾家建生・玉置桃子・村上喜郁（2012-2015）「ガストロノミーを基本概念とするフード・ツーリズム開発の研究」基盤研究（C）観光学。https://kaken.nii.ac.jp/ja/grant/KAKENHI-PROJECT-24611027/（2023年11月閲覧）

6）当該研究は、1963年施行の「観光基本法」の影響を強く受けたと思われる。すなわち、第7条記載の「宿泊施設、食事施設、休憩施設、案内施設その他旅行に関する施設（以下「旅行関係施設」という。）」と第14条記載の「史跡、名勝、天然記念物等の文化財、すぐれた自然の風景地、温泉その他の産業、文化等に関する観光資源」の内容である。

7）UNWTO 事務局長 スラブ・ポロリカシュヴィ「序文」。

8）この点については、筆者もこの視点を指摘している（尾家・玉置・村上 2014：100）。

9）「生産側－消費側」あるいは「都市型－地方型」は軸であり、二元論的な「白と黒」あるいは「表と裏」といった関係にはない。これらは連続的関係にあり、その濃淡によって表現されるものである。ちなみに、本書の第2章以降の構成の事例研究の掲載順は、この考え方を基に構成した。

10）経営学体系においては、経営学全体を二分する分野に経営管理論があり、その各論として「人的資源管理論」、「生産管理論」、「財務管理論」などがある。また、実業界では、「経営資源」として「ヒト、モノ、カネ、情報」は広く認識されている。

11）4つの嗜好の構成要因の残る2つは、「（1）生理的な欲求が満たされるおいしさ」と「（4）やみつきになるおいしさ」とされている。

参考文献

Barney, Jay B.（1997）*Gaining and Sustaining Competitive Advantage*, PEASON, pp.125-136（ジェイ・B・バーニー（2003）『企業戦略論 競争優位の構築と維持（上）』岡田大正訳、ダイヤモンド社、pp.250-271）.

Hall, C. Michael（2003）*Food Tourism Around the World*, Routledge.

Hjalager, Anne-Mette & Greg Richards（2002）*Tourism and Gastronomy*, Routledge.

Savarin, Brillat（1825）*Physiologie du goût*（ブリア・サヴァラン（1963）『美味礼賛』関根秀雄訳、白水社）.

Spence, Charles (2017) *Gastrophysics: The New Science of Eating*, Viking（チャールズ・スペンス（2018）『「おいしさ」の錯覚 ——最新科学でわかった美味の真実』長谷川圭訳、角川書店).

World Tourism Organization and Basque Culinary Center (2021) *Guidelines for Development of Gastronomy Tourism*, UNWTO.

石井至（2012）『バル、タパス、アルサック』石井兄弟社、pp.2-7。

石毛直道監修（2007）『講座 食の文化 第一巻 人類の食文化』、p.32。

尾家建生（2017）『ガストロノミーを基本概念とするフードツーリズム開発の研究』大阪府立大学 博士（経済）学位論文（甲第1752号）。

———（2019）「フード・ツーリズムにおけるガストロノミーの予備的考察」『第26回日本観光研究学会全国大会論文集』日本観光研究学会、pp.377-380。

尾家建生・高田剛司・杉山尚美（2023）『ガストロノミーツーリズム——食文化と観光地域づくり』学芸出版社。

尾家建生・玉置桃子・村上喜郁（2014）「ガストロノミーとフードツーリズム開発」『日本観光研究学会全国大会学術論文集』、p.98、p.100。

笹井良隆編著（2010）『大阪食文化大全』西日本出版社。

サン・セバスチャン観光局（2019）『ドノスティア／サン・セバスティアン バケーションガイド』、p.28。

JTB 総合研究所（2022）『国内旅行実務 国内観光資源』旅行業実務シリーズ④、JTB 総合研究所。

関満博・遠山浩（2007）『「食」の地域ブランド戦略』新評論。

関満博・古川一郎（2008a）『「B級グルメ」の地域ブランド戦略』新評論。

———（2008b）『中小都市の「B級グルメ」戦略』新評論。

高橋光幸（2014）「観光資源の定義と分類に関する考察」『富山国際大学現代社会学部紀要』第6巻、pp.109-125。

玉井亮子（2018）「フランスにおける「食」をめぐる政策の動向——ユネスコ無形文化遺産と「フランス人のガストロノミー的食事」を例に——」『法と政治』69（1)、pp.347-348。

富田好久監修（1998）『図説 北摂の歴史』郷土出版社、p.17。

中村忠司編著（2022）『人はなぜ食を求めて旅に出るのか——フードツーリズム入門』晃洋書房。

公益財団法人日本交通公社監修（2014）『美しき日本 旅の風光』JTBパブリッシング、p.276。

日本交通公社（2022）『旅行年報 2022』、p.48。

日本の食生活全集 大阪 編集委員会（1991）『聞き書 大阪の食事』㈳農山漁村文化協会。

農山漁村文化協会（2006）『日本の食文化⑧近畿』㈳農山漁村文化協会。
福田育弘（2018）「ガストロノミーあるいは美食はどう語られ、どう実践されるか――ガストロノミー・美食言説とガストロノミー・美食という概念――」『早稲田大学 学術研究（人文科学・社会科学編）』pp.266-269。
伏木亨（2008）『味覚と思考のサイエンス』丸善出版、p.28。
ペトリーニ、カルロ（2009）『スローフードの奇跡――おいしい、きれい、ただしい』石田雅芳訳、三修社、pp.12-14、79-81。
前田勇編（1978）『観光概論』学文社、p.45。
村上喜郁（2012）「フード・ツーリズムにおける差別化要因としてのガストロノミー――都市型と地方型を軸として――」『第27回 日本観光研究学会全国大会論文集』日本観光研究学会、pp.193-196。
――――（2019）「ガストロノミー資源とガストロノミーの主体」『第34回 日本観光研究学会全国大会論文集』日本観光研究学会、pp.461-464。
八木尚子（2010）「フランス料理の批評の歴史」中央公論新社、pp.20-24。
安田亘宏（2013）『フードツーリズム論――食を活かした観光まちづくり』古今書院。
安田亘宏・中村忠司・吉口克利（2007）『食旅入門――フードツーリズムの実態と展望』教育評論社。
吉田浩美・萩尾生編著（2012）『現代バスクを知るための50章』明石出版、pp.324-327。
World Tourism Organization and Basque Culinary Center（2021）*Guidelines for Development of Gastronomy Tourism*, UNWTO、日本語版、p.6、p.16。

（村 上 喜 郁）

第 2 章

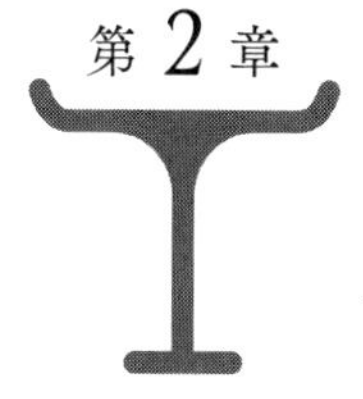

農家レストランのガストロノミー

（茨木）

1．地域の食資源と農家レストラン

わが国においては、各地域で生産された農産物、あるいはその加工品の提供、調理などを通じた振興策が講じられてきた。具体的には、農産物直売所、農家レストラン、農家民宿といった形態で事業が展開されてきた。その背景には、都市住民による農山漁村への関心の高まりや、都市部への人口集中などに伴う農村部での活力低下への対処の必要性がある。こうした取り組みは、地域住民だけでなく、観光客の需要も取り込むという地域内外からの効果が期待されてきた。その中で、農家レストランを含む地元の食材を提供するレストランは、自家生産を含め現地で生産された農産物を自ら調理し、その来訪客に対して提供することで、地域の食資源の魅力を発信し、都市部の農村生活に対する関心に応えている。調理された料理は新型コロナウイルス感染症（COVID-19）の流行とともに注目された持ち帰りやフードデリバリーのような一定範囲での移動はみられるものの、他地域で開催されるイベントに出店して提供するなどのケースを除けば、その喫食にあたっては当地とその飲食店を訪れる必要がある。

このため、農産物やその加工品が移動可能性をもつ地域資源である一方、料理は当地の自然環境や建築物などに近い移動不可能性をもつ地域資源と捉えることもできるだろう。この点からも、地域で生産される食材を用いて料理を提供する飲食店はその地域の交流人口の増加に寄与する可能性がある。それゆえ、各飲食店がそれぞれ方針に基づき地元の食材を調理することで地域の食の付加価値を高めることは、都市農村交流の活性化にもつながる。

しかし、ここで留意すべきなのはレストランで提供されているサービスが顧客の需要と合致しているかという点である。安定的な顧客の獲得を図るためには、レストランの運営事業者の方針と顧客の嗜好が元々合致している、あるいは前者が後者に合わせ提供する料理を変化させるといったことが必要になろう。提供されるサービスや飲食店が地域に与える影響についての先行研究の成果をみると、農家レストランを事例にしている大友（2014）、大友（2020）、齋藤ほか（2016）などが挙げられる。大友（2014）は農家レストランによる地域資源活用のプロセスに注目し、地域資源を戦略的に位置づけ活用している経営者は、開業前からすでに消費者との対話などからニーズの把握に努め、開業後も地域資源を発見し演出し続けていると指摘している。そして、農家レストランの持続的経営を図るうえで重要になる地域資源の演出対象には、食・メニューだけではなく、内装や周辺環境、情報も含まれるとしている。また、大友（2020）はメニューに注目し、伝統料理型と非伝統料理型に分類したうえで農家レストランが地域に果たす役割を地域の生活様式や文化の継承といった非経済的側面と、農業経営における経済的側面に区分している。さらに、齋藤ほか（2016）では農村集落と住宅地という立地条件の異なる２つの農家レストランを比較し、農家レストランが地域住民の意識に与える影響を明らかにしている。ただし、こうした成果は直ちに他地域にも適用できるものではない。先行研究はそれぞれ事例とした特定地域における実態をもとに考察したものであり、各地域で生産される農水産物や運営主体の方針が異なることを踏まえれば、他地域の実態については別途検証する必要がある。この問題意識のもとで、本章では茨木市北部の飲食店に焦点を当て、各店でどのような意識のもと保有資源を演出し食の魅力を発信しているのかについて整理したい。

本章では次の構成で課題に接近する。まず第2節において事例とする茨木市の飲食店の開業経緯を含めた概要について整理する。第3節では各店に対するヒアリング調査に基づき、それぞれの提供料理の特徴や店舗および周辺環境の演出と発信について実態を明らかにする[1)]。そして、第4節では第3節の結果に基づき各店の取り組みの背景にあるものについて言及したうえで、第5節で今後の展望と残された課題を示したい。

2．農家レストランの定義と事例対象の概要

（1）農家レストランの定義

農家レストランについて、農林水産省は「6次産業化総合調査」において、「農業経営体又は農業協同組合等が食品衛生法に基づく飲食店営業又は喫茶店営業の許可を得て、不特定の者に自ら又は構成員（組合員）が生産した農産物や地域の食材をその使用割合の多寡にかかわらず用いた料理を提供し、料金を得る事業をいう。」と定義している。そして、2019年の同調査結果から事業別に年間販売金額をみると、農業生産関連事業計2兆772.5億円のうち、農産加工が9,468.4億円、農産物直売所が1兆533.7億円、観光農園が359.4億円、農家民宿が54.1億円、農家レストランが357.0億円となっている[2)]。この定義に対し、大友（2020）では、こうした飲食店が、主体、提供する料理のメニュー、立地、運営方法といった面で多様化していることを踏まえて、調査対象の農家レストランを「実際に行政や地域において農家レストランと呼称されているもの（主体は農家に限定せず、料理人や行政が主体となって経営するものも含む[3)]）」としている。また、財団法人都市農山漁村交流活性化機構（2007）では、「農家自ら又は農家と密接な連携の下で、その農家が生産した食材又は地域の食材を使って調理・提

供している、当該地域に立地するレストラン」と定義しており、同成果においても主体は農家に限定していない。こうした多様化に基づき、本章で言及する農家レストランも必ずしも主体を農家にしたものではないとしたい。

（2）事例対象の選定

本章では、茨木市で運営している飲食店である夢咲茶屋と一夢想、雨蛙菜園の３店を事例とする。各店の概要は**表２-１**の通りである。茨木市は南部が市街地、北部が農村部という地理的特徴を有している。こうした環境下で、後者については当地の食をはじめとする各種地域資源の魅力を発信し活性化を促すことが重要な課題になっている。北部には同地で生産された農産物やその加工品を販売し、さらにはそれらを用いた料理も提供している農事組合法人見山の郷交流施設組合のde愛・ほっこり「見山の郷」(以下、見山の郷と表記)をはじめとして複数の飲食店が営業している。本章で事例とする３店はいずれも茨木市北部で営業しており、北部において上述した農家レストランの定義に合う主体から選択した。

a　夢咲茶屋の概要

夢咲茶屋は茨木市銭原で営業しているレストランである。経営者は学生時代から茨木市北部に居住しており、当初は飲食サービス業とは異なる業務に従事していたが、古民家が空き物件として売りに出され経営者の友人が購入したことから、その物件を借りることで2013年に夢咲茶屋を開業した。飲食業を選択したのはそれまでの業務経験の中で自身が調理師免許をもっていたためである。開業以前から飲食店を営業することが目的として確立されていたわけではなく、茨木市北部における物件の活用や、自身がもつ免許といった飲食店に必要な条件を満たせたことから開業したのである。

開業当初は不定期で平日も営業していたが、平日は比較的来店客が少なかったことと、開業以前に従事していた業務に復帰することになったことから、現

表２－１　各飲食店の概要

飲食店名	夢咲茶屋	一夢想	雨蛙菜園
開業年	2013年	2005年	2018年
所在地	茨木市銭原	茨木市上音羽	茨木市銭原
経営者を除いた労働者数	１～２人 （経営者の親族と友人）	１人 （経営者の親族）	２人 （経営者の親族）
メニュー	カレーライス、 鍋焼き肉うどん、 気まぐれランチ、 炒飯、ぜんざい、 シフォンケーキ、 など	月替わりコース （食前酒、前菜、手作りすくい豆腐、かぼちゃのスープ、秋の天ぷら、さんまの塩焼き、新米ご飯で卵かけ、味噌汁、香の物。デザート） 鯖すし（持ち帰りのみ）	シフォンケーキ、 チキンラーメン、 トーストマフィン、 など
メニュー単価	450～1,500円	3,850円 （４月中旬～10月） 4,180円（上記以外の期間）	880円
１日当たりの来店客数	２～20人／日	４～５人／日	10～30人／日
営業日・時間	土曜日と日曜日のみ営業 10時～16時	火曜日、月初め、お盆、年末年始休業（要予約） 11時30分～15時	日曜日のみ営業 ８時30分～15時
座席数	20席	８席	10席

注）一夢想の月替わりコースのメニューは2021年10月のものである。４月中旬～10月とそれ以外の期間とで単価が異なるのは、後者のほうには暖房費用を含めているためである。
出所）2021年10月に実施した夢咲茶屋、一夢想、雨蛙菜園へのヒアリング調査による。

在では毎週土曜日と日曜日のみ営業している。経営者だけではなく、親族や友人も接客などに従事しており、経営者を含めると２～３人で対応している。また、来店客のうち半数以上は近隣住民や経営者の知り合いとのことであり、同店の持続的経営を考える上では、こうした頻繁に来店するとされる顧客との良好な関係が重要になると考えられる。

b　一夢想の概要

一夢想は茨木市北部出身の経営者が2005年に開業した料理店である。経営者は見山の郷の食事処の運営に携わっていた経験があり、その後、家族とともに自らのペースで料理を提供することを目的に、古民家を改修した自宅で飲食店を開業した。また、飲食サービスに携わる以前から家族とともに米や野菜を生産しており、それらは自家消費するか、他の親族や友人に譲っていた[4)]。しかし、後述するように、一夢想を開業したことで生産した農産物は同店の食材としても活用されることになった。

来店客のほとんどは茨木市北部以外からの者であり、女性客や家族連れのリピーターが比較的多いとのことである。一夢想は座席数を８席のみに限っており、来店客に対して予約を必須としている。上述した自分のペースで調理するという方針というだけでなく、来店客とのコミュニケーションも重視した結果、人数を限定しつつも個々の来店客の満足度を高めることで繰り返し同店を利用してもらうことを目指したのである。こうしたことから、一夢想では開業にあたって収益のさらなる増加ではなく、来店客とのつながりの維持を経営上の重点目標としていることが窺える。

c　雨蛙菜園の概要

雨蛙菜園は、経営者が前職を退職した後で茨木市銭原において開業した農園である。雨蛙菜園では養鶏業を主たる事業と位置づけている。2011年に現在の雨蛙菜園が営業している土地を購入し、雛を購入し採卵鶏として飼育したのちに2013年に開業した。その後、以前より飲食サービスも手掛けることを希望していたことから、2018年よりカフェも営むようになっている。また、当初は経営者夫妻の２人で経営していたが、現在は親族を含めた３人で接客している。これまで自然農による農産物を生産し店頭にて販売してきたが[5)]、近年は事業を養鶏中心に集約しつつある。

雨蛙菜園では、養鶏についても飲食サービスについても経営体としての収益増加を目的とはしていない。自身らの無理のない範囲で卵の販売や飲食サービスの提供をするため、営業日は日曜日のみとなっている。雨蛙菜園の事業の継続を図る上で、より多くの集客を主眼に置くのではなく、来店客とのコミュニケーションを充実させ、雨蛙菜園の事業方針に合う来店客が再び同店を利用するといったサイクルを生み出すことを重視している。そして、2021年時点で、カフェの来店客の3割がリピーターであり、茨木市北部以外から来店している場合が多いとのことである。

3．北部地域における地域資源の演出

（1）夢咲茶屋

a　地域の食材を使った料理の提供

夢咲茶屋で提供されている料理をみると、カレーライスやシフォンケーキは通年提供されている一方で、気まぐれランチの内容は基本的に毎月変更されている[6)]。経営者自身が農業に従事しているわけではないが、実家が茨木市北部にて米や、サツマイモ、大根、白菜などの野菜を生産しており、そこで生産されたものが夢咲茶屋で提供される料理の食材となる[7)]。その他、夢咲茶屋の料理には地域の特産品である龍王味噌[8)]が使用されている。メニューはできる限り自家生産の食材で作れるような料理が主となっているが、それでも自家で生産できないものについては、店舗付近にある見山の郷や青空市場、その他の小売店などで調達している。ただし、調達する場合も生鮮品を中心に調達し、夢咲茶屋で加工や調理をしている。調達する食材は北部地域のものを中心に茨木市産を使うようにしている。というのも、夢咲茶屋では自家生産の野菜も含めた北部の農産物のおいしさを伝えることを重視しているからである。

b　顧客参加型の店内の雰囲気作り

夢咲茶屋の取り組みとして特徴的なのは、経営者だけではなく、来店客を含めた地域住民も店内の演出に関わってきたという点である。先に述べたように夢咲茶屋は古民家を改修して店舗としており、それを活かした調度品の配置を

図2－1　夢咲茶屋の店内

筆者撮影。

すすめてきた。その中で、常連客や経営者の親族が古民家の雰囲気に合うと各自が考えるものを自発的に持ち寄ったのである[9]。これにより、夢咲茶屋は経営者のみで調度品を揃える必要はなくなり、常連客の感性に合った雰囲気作りを実現させてきた（図2－1）。夢咲茶屋の内装は経営者と来店客がともに形作ってきたものと言える。こうしたことも、常連客の獲得が可能になった要因と考えられる。

その一方で、夢咲茶屋の来店客の中には、茨木市北部以外から初めて来店する客も少なくなく、こうした地域外からの来訪予定者に対して同店のメニューや周辺環境を周知することも重要になる。この課題に対して、夢咲茶屋はブログを運営しており、同店の営業日や茨木市北部での生活、イベント[10]、ランチメニューなどを発信している。ここで注目すべきなのは、ブログは夢咲茶屋が開業する前の2012年に古民家を改修している時から始まっているという点である。このブログが夢咲茶屋の営業のために開設されたことを鑑みれば、夢咲茶屋が早期から同店の周知に取り組んでいたことが窺える。来店客の中には、ブログ上で紹介されたメニューを注文する者もおり、ブログの運営により一定程度、集客が促されていると推測される。

（2）一夢想

a　月替わりの献立の検討

一夢想の店内での喫食メニューはコース料理のみである。前述した通り、一夢想の経営者は自家菜園で米や野菜などを生産しており、一部の食材を見山の郷や他の小売店で調達する場合もあるものの、その時期に自家菜園で収穫される農産物をもとに献立を決めている。経営者は見山の郷の食事処の運営に携わる中で、定食などで使う食材の検討などをしてきた経験があるが、それ以前から地域コミュニティの中で料理に関する団体活動に参加し、その活動のリーダーにも選出されていた。このように従来から料理の献立について考えてきたことから一夢想で提供される料理は経営者個人の経験と資質によるところが大きいと推察される。

献立は月替わりであることから、多くのリピーター客は月1回以下の頻度で来店している。献立の検討や調理、配膳は経営者自身がしており、例えば、1月におせち料理、4月に山菜料理といったように季節を感じさせる献立を検討している。また、配膳時などでのコミュニケーションの中から来店客の料理や提供時期に関する要望も把握し、それらを可能な限り各月の献立に反映させている。この点は、予約制で一人当たりの来店客を少数に抑えることでとりわけリピーター客とのコミュニケーションに時間を割ける状況を整えていることも影響していると考えられる。

b　季節の行事を通じた店内の演出

一夢想では、これまで同店の認知度を高めることを目的とした情報発信などはおこなっていない。開業当初から収益の増加を目的としておらず、余裕をもって飲食サービスを提供するという方針を維持するために、積極的に地域外の不特定多数の人へ一夢想をPRするインセンティブが働かなかったためである。そのため、開業当初は客数が伸びない時期があったが、経営者の親族や友人を介して口コミで評判が広がり徐々に客数が増加していった。また、一部の来店

図2-2　一夢想の店内

筆者撮影。

客は一夢想を自身のブログやSNSなどで発信しており、これらを見た者が一夢想に来店する場合もある。これには一夢想の古民家を改修した店舗の演出も大きく関係している。例えば、3月は桃の節句を意識し、店舗に多くの雛人形を飾り、5月の端午の節句では兜を飾っている。これらの時期は店内にある雛人形や兜を見ながら食事をするために家族連れが比較的多く来店するとのことである。店内で飾られる雛人形などは経営者が元々所有していたものだけではなく、来店客が持ち寄ってきたものもある。時期が限定されるものの、一夢想も伝統文化を意識させる店内の雰囲気作りを顧客とともに形成してきたと言える。

また、一夢想は喫食スペースから見える庭の景観も重視しており、毎年造園業者に手入れを依頼しているほか、どの時期でも来店客が花を見ることができるように、様々な花卉を栽培している[11)]。古民家の建物に調和した庭を維持し、来店客がメニューだけではなく景観も楽しめるようにしているのである（図2-2）。

（3）雨蛙菜園

a　自家生産の鶏卵を用いた食品の提供

雨蛙菜園は養鶏業を事業の中核としており、2021年10月時点で約40羽を飼育している。配合飼料を使わず緑餌と米を与えることで飼育しており、そこで生産される鶏卵は敷地内で販売される他、シフォンケーキやチキンラーメン、トーストマフィンとしても提供されている[12)]。雨蛙菜園で喫食できるものはいずれも鶏卵を使うこれら3種に限定されている。当初は経営者夫婦で営業しており、飲食サービスに関するノウハウが十分ではなく養鶏業を営みながら上記のメニューを提供するのが難しかったことから、夢咲茶屋やその他の茨木市北部の飲食店と連携し、商品の共同開発や調理委託をしていた。開業初期においては、ノウハウや技術の不足を地域内の他店との連携で補っていたのである。ところが、その後、新たにパティシエの技術を習得した親族が経営に加わったことから、カフェのメニューの提供はすべて雨蛙菜園で担うことができるようになった。また、来店客や収益を増加させることを主眼に置いていないため、雨蛙菜園は開業当初から調理主体は変わったもののメニューは変えておらず、さらなる集客を図るために新たなメニューを追加するといったことはしていない[13)]。

b　養鶏業との融合とSNSを用いた情報発信

雨蛙菜園は夢咲茶屋や一夢想とは異なり、喫食スペースを屋外に設けている[14)]。これは、雨蛙菜園の土地は市街化調整区域に指定されていることから、喫食や調理のための建物を建てることができなかったためである（図2-3）。そのため、敷地内にキッチンカーを搬入し、そこで飲食物を提供している。雨蛙菜園は養鶏業を主軸としていることを活用し、来店客が飼育している鶏と身近に触れあれる環境を整えている。喫食スペースも含め敷地内では一部の鶏が放し飼いにされており、来店客の要望に応じて鶏への給餌体験も有料でできるようになっている。とりわけ後者は家族連れの来店客が利用する場合が多い。

また、経営者は雨蛙菜園を経営する一方で写真家としても活動している。そ

図2-3 雨蛙菜園での喫食スペース

筆者撮影。

して、その技術を活かしてSNSでの情報発信を2012年に始めており、近年では茨木市北部の自然環境や雨蛙菜園の写真を掲載しており、同店の周辺環境や事業方針を理解してもらうために活用している[15]。さらに、SNS上では、営業日である日曜日には当日に営業するかどうかの告知もしている。これは、同店が喫食スペースを屋外に設けており、雨天や積雪などにより通常通り営業するのが難しいこともあり得るためである[16]。

4．事例対象の取り組みからみる事業継続の要因

（1）顧客とのつながり

本章で事例とした3店は、いずれも収益の増加ではなく、人とのつながりを重視している。飲食店としての事業をみた場合、それはいかにして顧客が再び店内での食事を望むように仕向けていくのかという点に集約することができるが、3店とも顧客のニーズに応えることで顧客の安定的な獲得を実現させている。その実現手段として、夢咲茶屋では顧客が参加することによる店内の演出、

一夢想では各季節に合わせた店内の演出や料理の提供、雨蛙菜園では同じ敷地内で営んでいる養鶏業との融合といった取り組みがみられる。また、夢咲茶屋や雨蛙菜園では自らが運営するブログやSNSを用いて当日の営業の有無、提供するメニュー、店周辺の環境などに関する情報を発信しており、一部の顧客はこうした情報をもとに来店していることからも店側が顧客とのつながりを重視していることが窺える。

（2）事業継続における地域内の他主体の活用

夢咲茶屋と一夢想はそれぞれ自家菜園で生産した農産物を主な食材として料理を提供しており、雨蛙菜園でも敷地内で養鶏業を営み、そこで生産された鶏卵を使った食品を提供している。言うまでもなく、すべての食材を自家菜園で生産できるわけではなく、不足するものについては他の主体から調達する必要がある。夢咲茶屋や一夢想は一部の食材を見山の郷から調達しており、その他にも近隣の青空市場や小売店も利用している。雨蛙菜園は開業初期の段階で他の飲食店との連携により提供する食品の開発を推し進めていた。また、雨蛙菜園は飼育している鶏に与える飼料として米も使用しているが、そのほとんどが近隣の農家から譲り受けたり購入したりしたものである。そして、譲渡や購入があった場合はそうした情報もSNSで発信している。食品の開発では独立している一方で、養鶏業に必要な飼料については地域の農家との連携が不可欠になっている。雨蛙菜園で提供される食品は自家生産の鶏卵が使われていることから、カフェの事業の持続を図る上でも地域の農家との関係性を重視しなくてはならない。

５．事例対象における今後の課題

本章では茨木市北部で営業している３店の取り組みを事例にして、どのように地域資源を活用し、それを演出しているのかについて整理した。いずれの飲食店も営業に必要な物資を提供してくれる地域内の他主体や顧客とのつながりを重視しており、そうしたつながりを持続させる一方で、食資源や店舗、周辺環境といったものの演出と情報発信に取り組んでいる。単に自家生産を含めた地域の食を提供するだけではなく、自らがもつ、あるいは周辺環境にある地域資源を活かして顧客の来店を促しているのである。

ただし、本章ではこうした飲食店を利用する顧客の演出に対する評価を明らかにするには至らなかった。持続的な経営を目指す上では、顧客が望む食資源とそれを提供する場の演出が必要になる。そして、そうした取り組みを顧客がどう捉えているかも重要になる。本章で明らかにした取り組みの中には顧客参加型の内装作りもみられたが、それは一部の顧客によるものであり、長期的な持続性を検討するためには他の顧客の意識も明らかにする必要があるだろう。また、茨木市北部では、本章で事例とした３店以外にも飲食店は営業しているが、本章では十分に整理することはできなかった。今後は、こうした主体を含めた地域内連携を整理したうえで地域における食資源の活用実態をみていくことも重要になる。これらの点については、今後の調査の中で別途検討したい。

付記

本章は、Atsunobu SATO（2022）“Initiatives for the Use and Presentation of Local Resources in Rural Restaurants：A Case Study of Northern Ibaraki City”『追手門学院大学地域創造学部紀要』７、pp.111-122を加筆修正したものある。

注

1）本章の各事例対象の実態に関する記述は、2021年10月に実施したそれぞれに対するヒアリング調査の内容に基づく。

2）農林水産省「６次産業化総合調査」では大阪府は秘匿値となっている。

3）大友（2020）では、料理人が経営する場合は自家農園を有し農業を営んでいること、行政などの第三セクターが経営する場合は、立地地域の食材を活用することを目的とし農家が関わっていることを条件としている。

4）一夢想の経営者はこれまで販路の多角化も検討してきており、2020年からは見山の郷にも一部の農産物や花卉を出荷している。
5）経営者は休耕地で自然農を実践する会を主宰し当初は会員が10名いたが、その後は会員を固定化させるのではなく、関心をもつ者が参加するものになっている。
6）ただし、副菜はその時々で調達できたものを食材として使用するため、主菜以上の頻度で変わる。また、シフォンケーキも夢咲茶屋で作ったものを提供している。
7）夢咲茶屋によると、生産物の一部は農協に出荷されたり親戚に配られたりする場合もあるが、比較的少ないとのことである。
8）龍王味噌は、茨木市北部の見山地域での伝統的な味噌作りをもとに、主に農家の女性が商品化したものである。
9）夢咲茶屋に持ち寄られたものの中には、茶道具入れや箪笥、黒電話なども含まれる。
10）夢咲茶屋で実施されてきたイベントとしては、餅つき大会やリンゴ酢づくり講習会などがある。餅つき大会は夢咲茶屋が主催しており、2013年から毎年実施していた。自家生産のみならず近隣農家からもち米を調達しており、毎年20人ほどが参加している。その一方で、リンゴ酢づくり講習会など他のイベントについては、来店客の要望をもとに実施しているが、①夢咲茶屋の役割はポスターで告知する程度にとどめ参加者については発案者に集客してもらうこと、②いずれも店舗内で実施することから参加者が料理を注文することを条件としている。なお、いずれも2020年からのコロナ禍により調査時までは自粛されていた。
11）ダリアなど一部の花卉はサービスとして、切り取って来店客に提供されることもある。
12）カフェの来店客は比較的若年の家族連れが多い一方で、卵の購入者は高齢者が多いとのことである。
13）飲み物についても、自家菜園で収穫される梅や紫蘇を使ったサイダーを提供している。
14）敷地内にはプレハブ小屋が１棟あるが喫食スペースとしてではなく、まちライブラリーの読書スペースとして開放されている。
15）経営者は茨木市北部の活性化を目指す茨木ほくちの会のメンバーでもあり、会の活動に伴う写真撮影などを担当している。
16）天候などの影響により顧客が来店できない可能性もあるという点は夢咲茶屋も同じであり、同店でも当日営業できない場合はブログを使って告知している。

参考文献

大友和佳子（2014）「農家レストラン経営の持続性の条件――経営者の消費者ニーズの認識と地域資源活用の視点から――」『農村経済研究』32（1）、pp.88-94。
――――（2020）「農村再生における「農家レストラン」の役割と発展方向への示唆――山形県の農家レストランのメニューに着眼して――」『共済総合研究』80、pp.108-119。

齋藤朱未・服部俊宏・藤崎浩幸・広田純一（2016）「農家レストラン開業による地域住民の意識変化」『農業農村工学会論文集』302（84-2）、pp.II_31-II_36。
財団法人都市農山漁村交流活性化機構（2007）『きらめく農家レストラン――地域・素材・味へのこだわりとその魅力』財団法人都市農山漁村交流活性化機構。

（佐藤敦信）

第3章

地産地消のガストロノミー（北摂広域）

1．食資源と流通

本章では、近年の産直野菜の消費動向をふまえた上で、北摂の産直野菜の流通の特徴と課題について論じることを通して、食資源に関わる流通の必要性を論じる。

収穫された野菜や魚といった一次産品は単なる食材にすぎず、それを必要とする人に必要な形で渡ることではじめて食資源たりえる。そのため、需要と供給をつなぐ流通はガストロノミーの重要な構成要素といえる。

需要の動向に目を向けると、近年の生鮮食料品に関して、有名産地のブランド品のような知名度の高さや綺麗さだけでなく、安心や安全を重視する消費者層が増えており、単なる美味しさだけでなく、誰がつくっているのかや実感できる新鮮さなど信頼感が大事になっている。その点で産直野菜が注目されている。北摂地域はけっして大規模な産地ではないが、近郊農業が営まれており、各地に特徴的な産品もあり、それらの北摂の食材を求めるニーズは確かに存在しており、この産直野菜に関する流通が求められている。

以下では、まず産直野菜に関するニーズの変化やそれに対応した新しい流通について述べる。次に、現在の北摂地域における産直野菜の流通の特徴と課題を明らかにする。最後に他の地域の事例を通してより一層の発展に必要な要素を論じる。

2．近年の生鮮食料品ニーズの変化と新しい流通の出現

（1）生鮮食料品ニーズの変化

① 産直野菜の増加

日本では長く中央卸売市場を経由する市場流通が生鮮食料品流通の中心をなしてきた。しかし、1990年代からその割合が減少し、その代わりに増加しているのが産直と呼ばれる卸売市場を経由せず生産者と消費者が直接取引するような流通である。

産直野菜の現状に関して、主要な流通チャネルである農産物直売所の推移をみると、**図3－1**のように、販売金額は2011年の7927億3400万円から2017年には1兆790億2000万円へと増加している。また、事業体数も増減はしながらも22,980カ所から23,940カ所へと増加している。農産物直売所は産直野菜以外の商品も取り扱っているが、傾向として産直野菜の販売が増加していると考えられる。

さらに日本の農産物小売の7割を占めるスーパーマーケットでも産直野菜の取扱いが広がっている。例えば、中四国を中心に展開する「エブリイ」は、産直野菜の取扱いを強めている代表的なスーパーマーケットの1つである。同社は成熟化した市場の中で差別化の主要な手段として産直野菜に注力している。2010年に緑町店（広島県福山市）で約23㎡の産直コーナーを始めて以降、取扱い店舗を増やし、2018年時点で22店舗まで拡大している。売場面積も広がっており、2018年に改装開店した新市店（同）では約540㎡まで拡張しており、これ

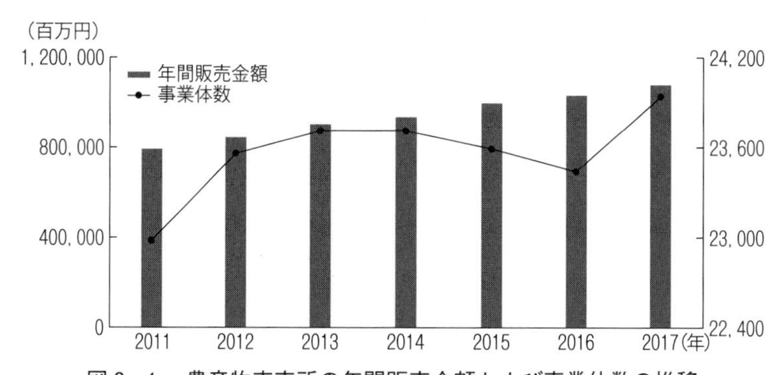

図３－１　農産物直売所の年間販売金額および事業体数の推移

出所）農林水産省「６次産業化総合調査」各年版に基づき筆者作成。

は同店の売場面積の約４割に相当する。協力農家も175軒から2500軒に拡大している[1)]。スーパーマーケットの青果コーナー自体は卸売市場からの仕入が基本であるが、このエブリイに代表されるように差別化のために産直野菜コーナーをつくったり、農産物直売所を併設するスーパーマーケットが増えている。

② 産直野菜増加の要因：消費者ニーズの変化

産直野菜が増加した要因として、農産物に対する消費者ニーズの変化がある。日本政策金融公庫がまとめた「農産物直売所に関する消費者意識調査」（2011年11月実施）によると、利用者が農産物直売所の魅力を感じる要因は何かという質問に対して、図３－２のように「鮮度がよい」（75.2%）と「価格が低い」（65.2%）の２つの要因が圧倒的に高く、農産物直売所は新鮮な野菜が手頃な価格で手に入ることが魅力になっていることが分かる。それに続いて「地元産の食材が豊富」（45.1%）、「旬や季節感が感じられる」（34.2%）、「産地や生産者が分かる安心感」（28.5%）といった地元でつくられた農産物であることに由来する安心感などの要因が挙げられている。このように農産物直売所は、「新鮮な野菜を手頃な価格で購入したい」や、「地元産で安心感のある野菜を購入したい」といった消費者ニーズに対応して成長していると考えられる。

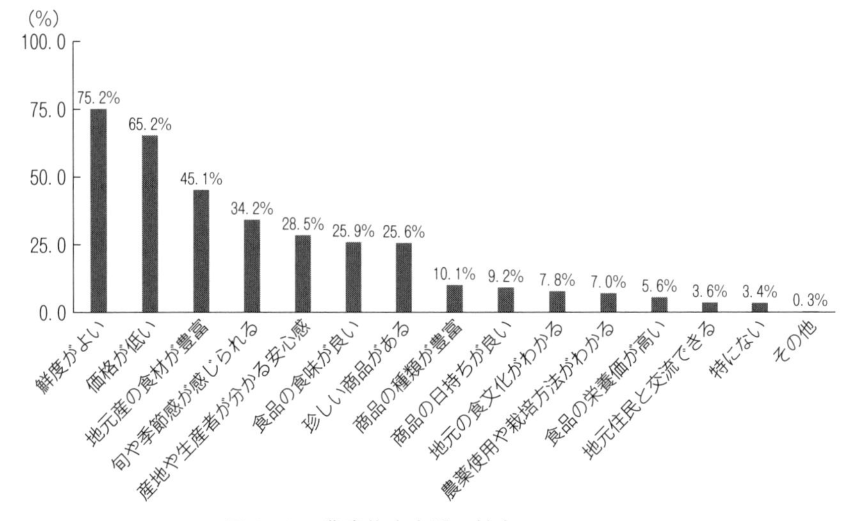

図３－２　農産物直売所の魅力（複数回答可）

出所）日本政策金融公庫（2012）に基づき作成。

この背景には、農産物の生産・流通構造の変化とそれにともなう消費者ニーズの多様化がある。1980年代以前は後で詳述するようにJAや中央卸売市場を中心とした国産野菜の系統出荷・市場流通が大部分を占めていた。しかし、1980年代後半の円高を背景に農産物の開発輸入が進展し、卸売市場を経由しない低価格の輸入野菜が急増した[2)]。その一方で、美味しいものを食べたいという消費者の増加傾向を捉えて、農産物のブランド化が進められ、外観が美しく、味にこだわった高級な農産物が増加した。また、減農薬や無農薬、有機農法など安全性にこだわった農産物もつくられるようになった。このように農産物の生産および流通が変化し、消費者にとっては「価格」のみならず「味」や「安全性」など広がった選択肢から選べるようになり、それがニーズの多様化を促進する原動力となった。

その中で、「雪印乳業低脂肪乳食中毒事件」や冷凍ほうれん草、冷凍餃子の問題など2000年以降、農産物を含め食品の安全性がたびたび問題となっている。このような事件が頻発したこともあり、食品の安全性に対するニーズが高まっている。その中で、新鮮で安心な農産物を手頃な価格で求めるニーズが増大していると考えられる。

③ 産直野菜流通の課題

ここまで産直野菜に対するニーズの増大について述べてきた。それに対して産直野菜の中心的な販売チャネルである農産物直売所はどの程度そのニーズに対応できているのかについて先に取り上げた「農産物直売所に関する消費者意識調査」を用いて確認し、産直野菜流通の課題を明らかにする。

まず、消費者の農産物直売所の訪問目的を見ると、図3-3のように、「観光のついでにお土産を買うため」(44.3%) とお土産物などとして購入する割合も高いが、もっとも高いのは「日常の食料品等の調達のため」(53.8%) と自宅で日常的な食事のために購入される割合の方が高い。

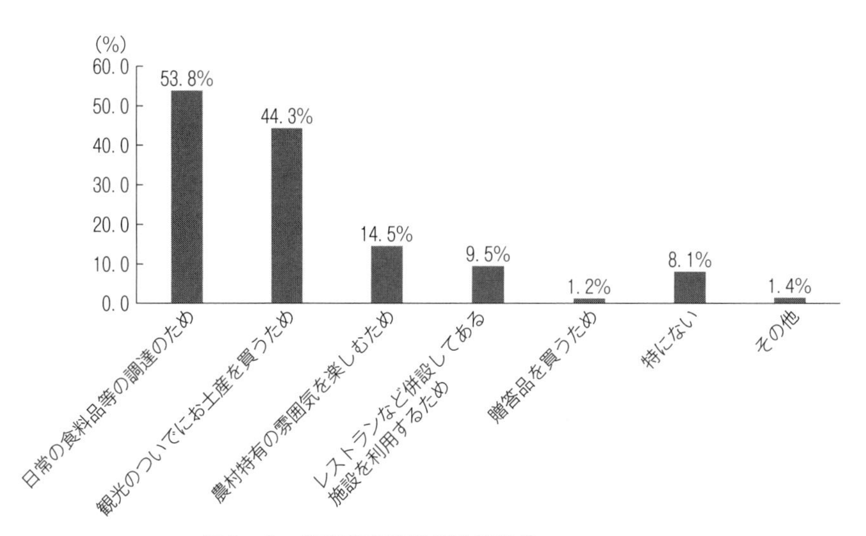

図3-3　農産物直売所の訪問目的（複数回答可）

出所）日本政策金融公庫（2012）に基づき作成。

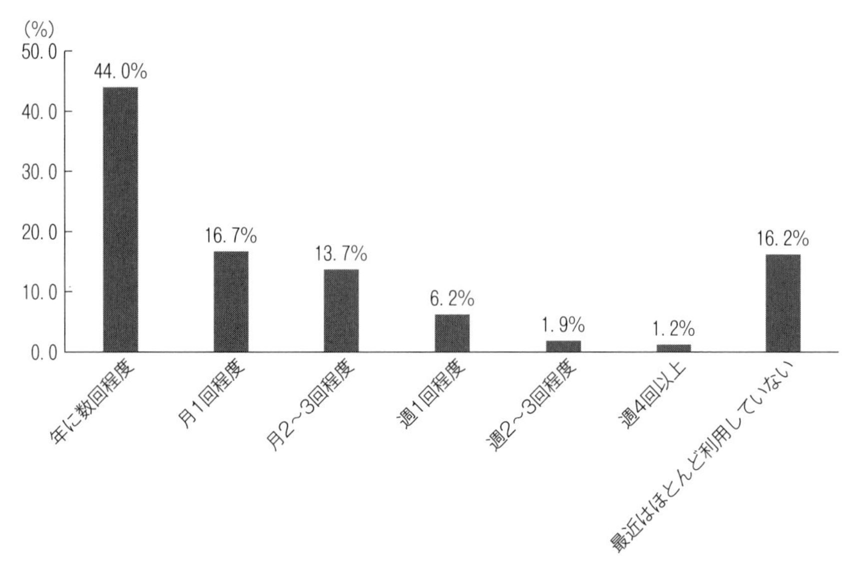

図3－4　農産物直売所の利用頻度

出所）日本政策金融公庫（2012）に基づき作成。

農産物直売所の利用頻度を見ると、**図3－4**のように、「年に数回程度」(44.0%)が多く、次いで「月１回程度」(16.7%)となっている。週１回以上利用している割合を合計しても１割にも満たない。上で見たように農産物直売所に来る目的としては日常の食料品の購入の割合が高い。しかし、頻度としては月１回未満が大半を占めており、日常的に食べる農産物の購入先にはなっていないと言える。

次に、農産物直売所の利用時間帯をみると、**図3－5**のように、「土・日・祝日の正午から午後５時まで」(41.7%)と「土・日・祝日の午前中」(32.8%)が高く、休日が中心であり、平日は相対的に利用が少なくなっている。また、農産物直売所までの交通手段は「車」(84.6%)と、車での移動が大部分を占めている。このことから、休日に車を利用して時おり買物に来る利用者が多いということになる。そのため農産物は毎日、収穫・出荷できるのに対して、需要は週末に偏ることになる。農産物直売所は一般的に生産者自身が販売したい農産物をもちこむため、産地の周辺に設置されることになる。そのため、農産物直

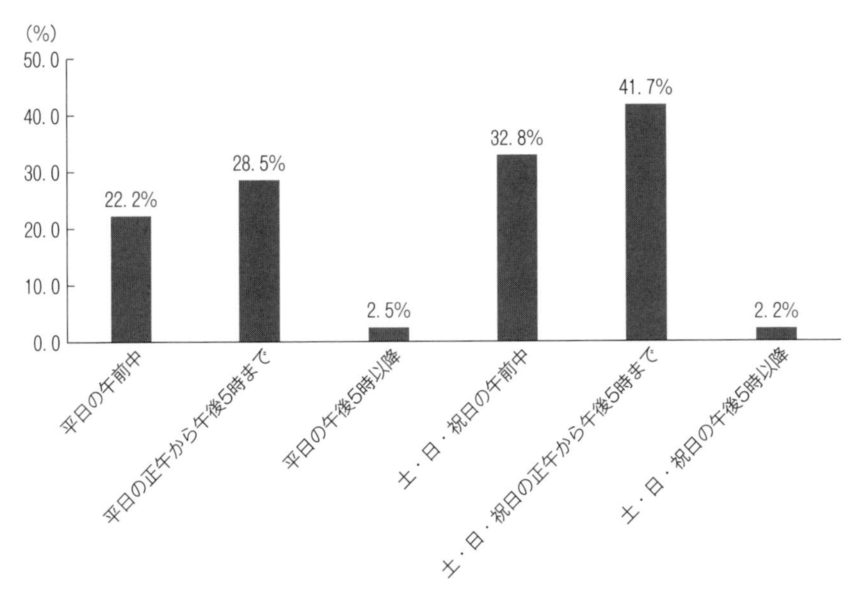

図3-5　農産物直売所の利用時間帯（複数回答可）

出所）日本政策金融公庫（2012）に基づき作成。

売所で購入するためには、自動車などの利用による移動コストが必要となる。農産物直売所への改善要望の中で、「直売所の場所・交通の便」(17.6%) が最も高いなど、農産物直売所にとって立地は売上や購入頻度に影響する重要な課題の1つになっている。そもそも消費者が産地にアクセスできなければ買い物に行くことができないため、消費の規模に地理的な限界がある。

また、商品の品揃えも課題として挙げられる。品揃えへの不満を見ると、**図3-6**のように、「時間帯によって商品の種類が少ない」(25.9%) や「時期によって商品の種類が少ない」(18.4%)、「時間帯によって商品の量が不足している」(16.8%) といった点が上位になっている。農産物直売所は、周辺で生産された農産物の販売が基本である。そのため、品種の偏りや、時期ごとの偏り、また1日の中でも時間帯によって偏りが生じることになる。それに対して、特に日常の食料品として考えた場合、消費者は特定の品種だけではなく、複数の商品

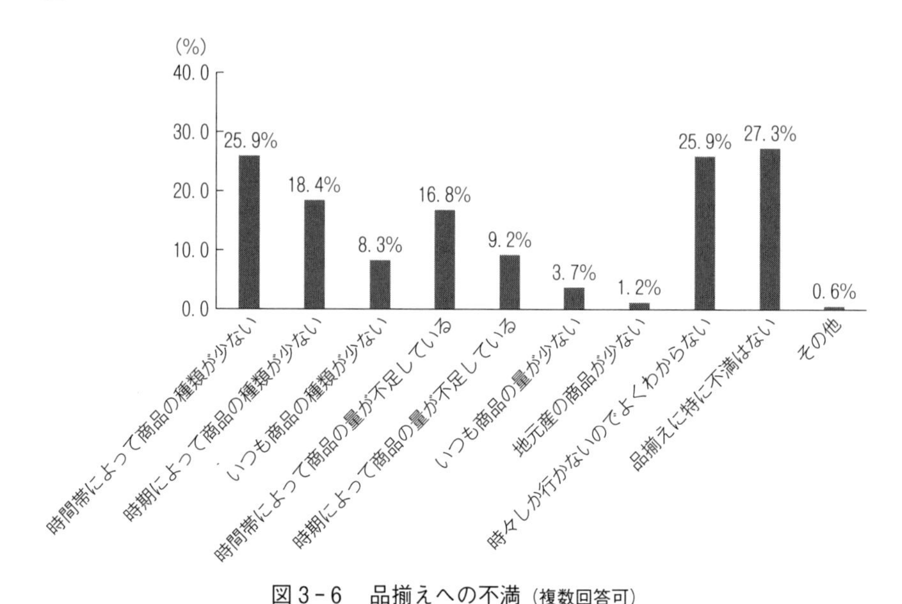

図3－6　品揃えへの不満（複数回答可）

出所）日本政策金融公庫（2012）に基づき作成。

をまとめて購入したいと考える。消費者のニーズを満たすためには、一定の品揃えが求められることになるが、それに対して安定的に品揃えを維持することが難しいことが分かる。

以上のように、鮮度や安全などを求める消費者ニーズの高まりに対応して、農産物直売所などでの産直野菜の販売量は増加している。一方で農産物直売所の場合、立地条件や品揃えの点で課題があり、多くの消費者にとっては日常的な農産物の買物の場所にはなっていない。この事象を、生産者からみると販売できる消費者に地理的な限界があるということである。そうした地理的な限界を克服する方法としてオイシックスのような産直通販があるが、宅配が基本であり、運賃を消費者が負担しなければならない。そのため、そのコストを負担してでも新鮮な野菜を食べたいという強い購買意欲と購買力をもつ消費者に限定される。すなわち新鮮で安全な産直野菜を手頃な価格で購入できる広域の流通が求められている。

（2）新しい生鮮食料品流通：株式会社農業総合研究所

前項で述べたように新鮮で安全な産直野菜を手頃な価格で購入したいというニーズが増大している。このニーズに対応し、生鮮食料品の全国流通の中心を担う中央卸売市場に代わり、地方から都市へと流通させる新しい仕組みを提供しているのが株式会社農業総合研究所（以下、農総研）である。

農総研は及川智正氏が2007年に創業した農業ベンチャーで、2016年に農業ベンチャーとして初めて東証マザーズに上場している。同社の理念は、「持続可能な農産業を実現し、生活者を豊かにする」、「ビジネスとして魅力ある農産業の確立」であり、農産物の流通プラットフォームを提供している。

農総研には委託販売システム、買取委託販売、卸販売の3種類の販売方式があり、その中でもっとも特徴的な方式が委託販売システムである[3)]。

委託販売システムは、登録生産者から農産物を集荷し、都市部のスーパーマーケットを中心とした小売店の産直コーナー（「農家の直売所」）で委託販売をおこなうというものである。登録生産者は、同社の集荷場に登録する際に登録料を支払い、その後1年ごとに年会費を支払う。**表3-1**のように2017年度で登録生産者は約8,000名、小売店が約1,200店舗と全国的に展開しており、流通総額は約90億円に達している。主なスーパーマーケットは、イオン、サミット、阪急オアシスである。同社は、既存の農産物流通との対比で自社の委託販売システムを系統出荷・市場流通と農産物直売所の中間に位置づけている。系統出荷・市場流通と同様に全国流通でありながら末端価格が低く抑えられる一方で、生産者からの流通日数が短くて新鮮な農産物を供給できる。農産物直売所との

表3-1　小売店舗数と登録生産者数の推移

	2012年度	2013年度	2014年度	2015年度	2016年度	2017年度
小売店舗数	154	324	471	680	996	1,197
登録生産者数（人）	3,014	3,882	4,722	5,765	6,830	7,845
流通総額（百万円）	1,738	2,849	3,855	5,522	7,089	8,778

出所）（株）農業総合研究所の有価証券報告書に基づき作成。

比較では、より広範かつ大量に販売することが可能となるのである。

具体的には、委託販売システムの登録生産者は出品に際して品目に関する指定はなく、自分で自由に決定することができる。また、生産方法の条件についても、関連法令に定められている農薬使用に関する条件のみであり、規格外品や少量での販売も可能である。

販売する農産物の数量と販売先、販売価格は登録生産者自身が決定する。その決定のために、登録生産者には、スーパーマーケットの平均日販、コンテナ数、売場面積、値引きなどの店舗情報や販売情報、他の野菜の価格情報が提供される。また、店舗で売れ行きが思わしくない品目に関して、受け入れを中止する2日前までに集荷場にストップ情報が送られる。このような情報に基づき登録生産者が自身で販売先などを決定する。

以上のように、生産者が自ら販売先と数量、価格を決定する仕組みにより、規格外品を含め地方から都市へと流通する仕組みがつくられている。この仕組みの成長が示すように、安心で手頃な野菜に対するニーズが高まっており、それに応える新しい流通の仕組みが求められているのである。

3．北摂地域における農産品流通

（1）北摂地域の特徴

図3-7は、横軸に農業産出高を、縦軸に一人当たり所得を設定し大阪府を地域別に分類したものである。これをみると、大阪府は2つのグループに分かれていることが分かる。1つは、南河内地域と泉北地域、泉南地域という農業算出高が高い一方で、相対的に所得が低いグループである。もう1つが大阪市や北河内地域、中河内地域、そして豊能地域と三島地域の北摂地域が含まれる農業算出高が低い一方で、相対的に所得が高いグループである。前者が産地型、後者が消費地型と言える。そのため、北摂地域は消費地型の特徴をもっている

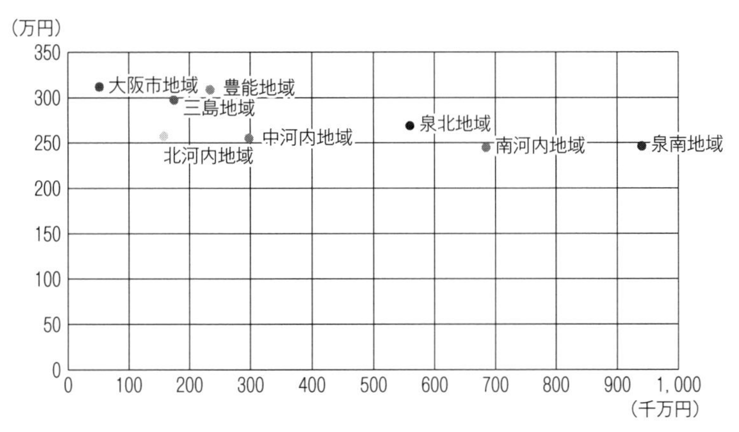

図３－７　大阪府の地域別農業産出高と一人当たり所得による分類

出所）大阪府「令和２年度 大阪府内地域別経済計算」および「令和２年市町村別農業産出額」に基づき作成。

と言える。

しかし、市町別にみると、米や野菜などの農業算出額（年間）で能勢町は12億8,000万円で大阪府で第９位であり、他に茨木市が７億9,000万円で第13位、高槻市が７億4,000万円で第15位となっており、大阪府の中でも上位に位置している。茨木市の三島独活や見山大甘青とうや赤しそ、高槻市の三箇牧トマトや服部シロウリ、しいたけなど様々な地域独自の産品がある。

また、消費の側面で、箕面市や豊中市、吹田市といった北摂地域の市町は総じて大阪府の平均所得の上位に位置している。人口密度も高く、北摂地域は消費地としても魅力的な地域である。

（２）朝市

北摂地域における地場野菜の販路として特徴的なのは朝市の多さである。朝市とは定期的もしくは不定期に早朝に特定の場所に集まり、持ち寄った農産物や加工品を販売する市である。**表３－２**は北摂地域における朝市や農産物直売所をまとめたもので、イベント名の後ろに＊がついているものが朝市である。

表３－２　北摂地域の朝市・直売所の一覧

豊能地域		三島地域	
豊中市	桜井谷あおぞら朝市＊ 豊中稲荷神社朝市＊ 特定非営利活動法人とよなか市民環境会議アジェンダ21＊ くらしかん地産地消イベント＊ 麻田朝市＊ 豊中南朝市直売所＊ コラボ朝市＊ グリーンスポーツセンター朝市＊ ファーマーズ朝市＊	吹田市	江坂朝市 in 豊津公園＊
池田市	NPO 法人細河みどりの郷 農民組合北摂支部協議会池田直売所	高槻市	今城塚古代歴史館前朝市＊ 萩谷朝市＊ 土室朝市＊ 阿武野朝市＊ 道鵜・五領朝市（道鵜町公民館前）＊ 道鵜・五領朝市（五領府営住宅欅館前）＊ 農風館（野見町店） 農風館（かしだ店） 農民組合高槻支部朝市＊ 森の朝市「森のもりもり館」
箕面市	止々呂美ふれあい朝市＊ 石丸ヘルシーファーム朝市＊ 箕面駅前ふれあいプラザ朝市＊ JA 大阪北部農産物朝直売所	茨木市	de 愛・ほっこり見山の郷 春日朝市＊ みしま館 みしま館（JA 茨木市南支店）＊
豊能町	豊能町直売所「志野の里」 右近の郷運営委員会		
能勢町	能勢けやきの里 能勢町観光物産センター 田尻農産「よっといで田尻」 丹州路		

出所）大阪府「朝市・直売所の紹介」https://www.pref.osaka.lg.jp/nosei/asaiti/（2023年９月22日閲覧）に基づき作成。

各市町で開催されており、とりわけ豊中市や箕面市、高槻市で数多く開催されていることが分かる。

豊中市で開催されているコラボ朝市をみると、この朝市は、北大阪急行千里中央駅に隣接する千里文化センター「コラボ」前で、月１回、第３水曜日の午前10時から11時までの約1時間開催されるものである。豊中市役所の地域連携課と農業委員会が共催で、安心安全な食の実現を目指し地産地消を推進して、市民交流の場づくりと千里地域の賑わいづくりを目的として実施されており、豊中市内でとれた野菜や花、加工品などが販売されている。事前に整理券が配布されるほど人気がある朝市である。

このように北摂地域では、住宅街や公園、駅周辺などで、JAだけでなく市民農園のグループやNPOなど様々な団体が朝市を開催し、賑わっている。

他には箕面市などを中心に地場野菜の学校給食への利用なども積極的に進められている[4)]。

4．地域内における流通：たべねっとみえ

前節で述べたように北摂地域では主に朝市や農産物直売所で地場野菜が販売されている。そのため、より日常的に北摂地域の産品を身近に販売する流通チャネルは限定的である。このような市町村の枠を超え、特定の地域内の流通として示唆を与える事例として三重県の「たべねっとみえ」がある。「たべねっとみえ」は、三重県を基盤とする大王運輸（株）が運営する食品流通サービスである。その仕組みについて説明する。

図3-8は、「たべねっとみえ」の全体像を示したものである。「たべねっとみえ」では、まず大王運輸が伊賀地域や伊勢志摩地域、東紀州地域など主に県南部の加盟生産者に発注をおこなう。加盟生産者は、受注した商品を所定の集荷場所に搬入する。大王運輸が集荷場所を回って商品を回収し、商品を保管する物流拠点のデポ（大王運輸本社倉庫）まで輸送する[5)]。集荷に関する特徴として次の2点が挙げられる。1つは、各集荷場所が生産者のすぐ近くにあることである。2つ目は、集荷には、同社が別事業で構築しているスーパーマーケット全店店舗直送ネットワークの戻り便も活用していることである。これは三重県

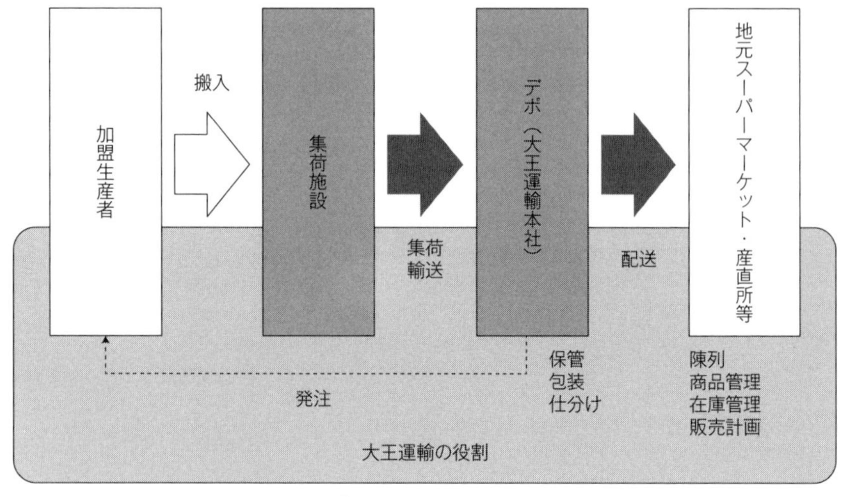

図３-８　「たべねっとみえ」の仕組み

出所）筆者作成。

内全域のスーパーマーケットへの食品配送をおこなっている大王運輸だからこそ可能な仕組みである。

集荷された商品は一旦デポで保管され、「たべねっとみえ」の担当ドライバーが配送当日に各店舗の品目別の数量を決定し、配送ルートを決めて配送する。荷主に指定された配送品目・数量を指定時間までに運ぶ一般的な物流と違い、担当ドライバー自らがそれらすべてを決めるのが特徴である。

売場は主に北・中勢地域の地元スーパーマーケット（「スーパーサンシ」や「一号館」など北勢地域を中心に展開するスーパーマーケットやJAなど）の産直コーナーで、小売店の買取販売ではなく、大王運輸の委託販売である。生産者から買い取った商品を委託販売することになるため、販売リスクは大王運輸が全面的に負担することになる。そのため、店頭の在庫管理も同社が担うため、前述のように各店舗への配送品目・数量の決定を担当ドライバーがおこなっている。また、売場で商品の陳列や、小売店頭やデポの在庫状況に応じた加盟生産者への補充発注も担当ドライバーがおこなっている。

収益は、小売店頭での売上から小売事業者が手数料（賃料）を差し引いて、大王運輸に対して支払われることで確定する。そこから、同社が加盟生産者に対する支払いをおこなう。

このように「たべねっとみえ」は、地域の物流業者が「物を運ぶ」だけでなく、物流を通して蓄積した地域の情報を活用し商流（販売）にまで活動を展開することでできあがった仕組みである。

5．地域流通の推進組織がもつ可能性

食資源を活用するためには流通が必要である。

もともと日本では、中央卸売市場によって産地ごとの様々な生鮮食料品が品揃えされ、都市を中心に豊かな食が実現されていた。その中で有名産地やブランド品が生み出されていった。しかし、市場流通は中央卸売市場を含めて「長い」流通であり、消費者にとって生産者の見えない流通である。それに対して、近年生鮮食料品には安心や安全、鮮度などが実感できる地場野菜を求める消費者ニーズが増加している。

北摂地域は、大阪府の中でも大規模な産地ではないが、米や野菜などを中心に農業が行われており、地域特有の一次産品も多くある。現在ではその地場野菜などが朝市や農産物直売所などを中心に販売されているが、営業時間が週末の午前中だけのように時間などが制約されており日常的な買い物の場にはなっていない。他の地域の事例として三重県の「たべねっとみえ」を取り上げたが、そこでは地域の主要な物流業者が商業にまで機能を拡張することで三重県内にわたるより広い流通を実現していた。このような地域流通の推進組織が出てくることで、広く北摂地域の農産物を集め、日常的な買い物の場である地元スーパーマーケットなどで販売する仕組みがつくられれば、所得水準も高く、消費地としての都市の役割をもっている北摂ではより大きな生産と消費の循環やブ

ランド力が生み出される可能性がある。

注

1）『日本経済新聞』2018年７月26日付。

2）1980年代後半からの輸入野菜の増加に関しては宮﨑（2018）を参照。

3）農総研の有価証券報告書の説明では、委託販売システムは手数料が主な収益源であり、３つの仕組みのうちもっとも利益率が高いビジネスモデルであるとされている。

4）北摂地域を含めた大阪府における地場野菜の学校給食への利用の現状と課題については樫原ほか（2022）を参照。

5）県南部の一部では中田商事が生産者から集荷して中間デポに集め、大王運輸が引き取っている。

参考文献

樫原正澄・赤井洋子・石川友美・伊藤佳代子・佐保庚生・辰己住子・森正子（2022）「大阪府内学校給食の変遷と今後の課題」『関西大学経済論集』71（4）。

二宮章浩・宮﨑崇将（2021）「物流事業者による地域産直流通の構築――大王運輸のたべねっとみえを事例に――」『ベンチャービジネスレビュー』13。

日本政策金融公庫（2012）「農産物直売所に関する消費者意識調査」。

宮﨑崇将・二宮章浩（2020）「消費者ニーズの変化と農産物流通構造の変化」『ベンチャービジネスレビュー』12。

（宮﨑崇将）

第4章 清酒のガストロノミー

（能勢）

1．清酒を取り巻く環境

わが国の食文化の中で、清酒はその他の食材とともに古来より重要な産品として捉えられてきた。そして、日本国内の各地で、気候や風土、伝統文化、水、米といった地域の環境および資源を活かして多数の清酒製造業者がそれぞれの特徴をもった清酒を製造している。それぞれ地場の食材や伝統料理だけでなく、地域の垣根を超えて各地の食を結びつき、日本食を特徴づけているのである。

ところが、農林水産省「日本酒をめぐる状況 令和5年9月」でも示されているように、近年、日本酒の出荷量は減少傾向を示している。これには戦後の経済成長とともに顕著になってきた食の多様化、消費者嗜好の変化が影響していると考える。さらに国税庁「清酒製造業の概況（平成30年度調査分）」によると、日本の清酒製造業者数についても2007年には1,645者であったものの、2012年には1,517者、2017年には1,371者となっており減少傾向にある。日本国内をみれば製造業者数や出荷量の減少から清酒市場は縮小傾向にあるとも言える。将来的に予想されるさらなる国内市場の縮小の可能性が指摘される一方で、一部の諸外国・地域における日本食や産品への需要の高まりを受けて、これまで日本産農林水産物・食品の輸出は拡大してきている。その中でも清酒の輸出額は大きく伸びており、外需の取り込みがすすんでいる。近年、国外でも日本食に対する関心が高まってきた中で、清酒製造業者は新たに生まれた需要に応える存在と位置づけることができよう。

そのような中で、いかにして地域に根付いた産業である清酒製造業を振興していくのかは、各地域から生まれた食文化の存続を図るうえで不可避の課題となる。また、上述した通りグローバル市場での日本食の普及とそれに伴う外需の獲得は他の食品と同様に清酒でも徐々に重要になっている。こうした状況を鑑みると、内需拡大と外需獲得のいずれを目指すにしても、製造業者がどのような方針のもとで清酒を製造し販路を構築しているのかは重要な点になろう。

これまでの清酒製造業者の動向や市場の趨勢に関する研究をみると、伝統産業のしがらみに注目しイノベーションを起こす企業家精神について整理した丸山（2017）、輸出やインバウンドを含めた酒蔵ツーリズムといった国内外に対する需要獲得の取り組み課題について明らかにした井出（2019）、海外市場の特徴および輸出と現地生産の関係性について言及した浜松・岸（2018）、清酒製造業の振興を目的とした政策の同産業への影響について論じた梶本（2014）、清酒に関する消費行動についてアンケート調査から分析した木村（2015）などがある。また、佐藤（2021）では、消費市場の階層化に注目し、国内外に向けた清酒製造業の成長戦略の在り方を検証している。さらに、都留（2020）は、清酒産業におけるイノベーションの歴史的展開過程を整理している。このように、清酒は多角的な視点から研究がすすめられてきた。ただし、上記の研究では、清酒の製造に不可欠になる酒造好適米の調達方法や、製造業者の販路構築方針については十分に明らかにされていない。国内農業従事者数が減少傾向にある中、いかにして酒造好適米を調達するのかは清酒の製造維持に大きく影響する。また、製造した自社の清酒を販売するうえでも、その魅力を的確に把握している主体と取引することは売上向上を目指すうえでは重要になろう。これらはともに地域における清酒製造業の発展には不可欠の検討課題になる。このことを踏まえ、本章では大阪府豊能郡能勢町に拠点を置く秋鹿酒造有限会社（以下、秋鹿酒造と表記）の事業方針から、清酒製造業者の安定的な製造と販路の構築に関する課題について考察する。

本章では、以下の構成のもとで課題に接近したい。第２節において日本国内での清酒市場の趨勢と本章の事例企業の概要について整理する。第３節では事例企業の取り組みとその背景にある事業方針について原料調達を中心とした酒造りと自社の清酒の販路の構築の両面から言及し、第４節で第３節の取り組みに内在する課題について明らかにする。そして、第５節では事例企業からみた清酒製造業の発展可能性と残された課題について示したい。なお、本章では秋鹿酒造の事業展開について記述しているが、その内容は2019年11月に同社で実施したヒアリング調査の結果に基づく。

２．清酒の市場規模と事例企業の概要

（１）清酒の市場規模

表４-１は日本酒の国内出荷量の推移を表したものである。言うまでもなく、日本酒は、特定名称酒と普通酒（一般酒）に大別できる。前者は吟醸酒、純米酒、本醸造酒などに分けられ、それぞれ使用原料、精米歩合、こうじ米使用割合、香味などの要件が規定されており、後者は特定名称酒以外のものとなる。

日本酒の総出荷量は1998年に113.3万kℓ、2008年に65.9万kℓ、2018年に49.5万kℓとなっている。このように減少傾向にあるが、減少率は普通酒と特定名称酒で異なる。上記３カ年を抽出すると普通酒の出荷量は84.2万kℓ、48.5万kℓ、32.4万kℓ、となっており、① 1998年と2008年、② 2008年と2018年の両期間の減少率は、①が42.4％、②が33.2％である。特定名称酒についても同様に３カ年を抽出すると、出荷量は29.1万kℓ、17.4万kℓ、17.1万kℓとなり、減少率は①

表4－1　日本酒の出荷量の推移

（単位：1,000kℓ）

年次	普通酒（一般酒）	特定名称酒				
			吟醸酒	純米酒	純米吟醸酒	本醸造酒
1998	842	291	34	62	25	169
2003	650	211	30	54	26	111
2008	485	174	20	57	24	73
2013	416	164	21	58	29	56
2014	399	167	24	59	32	52
2015	382	173	25	62	37	49
2016	362	178	24	65	42	46
2017	353	179	24	67	45	43
2018	324	171	23	64	45	38
2019	302	165	22	62	45	35
2020	276	142	20	55	40	27
2021	266	138	19	53	42	24
2022	257	145	20	55	46	25

出所）農林水産省「日本酒をめぐる状況 令和5年9月」より作成。

が40.2％、②が1.7％となる。両者を比較すると、2018年時点をみても普通酒は特定名称酒よりも出荷量が多く、①の期間の減少率では大きな差異はみられないが、②では特定名称酒の減少率が低くなっていることが分かる。また、特定名称酒については出荷量が増加している年もあり、近年は2019年まで16～18万kℓで推移している。結果として、総出荷量に占める特定名称酒の比率は1998年が25.7％、2008年が26.4％、2018年が34.5％というように徐々に高くなっている。このことから消費者の志向が量から質へと変化していると考えられる。

ただし、2022年の出荷量は一般酒が25.7万kℓ、特定名称酒が14.5万kℓであり、新型コロナウイルス感染症（COVID-19）の流行の中で、一般酒だけではなく、特定名称酒も大きく減少している。**図4－1**は総務省「家計調査」から、家庭消費の中での酒類消費と外食消費の飲酒代を抽出したものである。同感染症の感染拡大は最初に確認された2020年1月以降、外食産業においても、営業形態の変更、営業時間の短縮、臨時休業といった変化をもたらした。各年の酒類に関する家庭消費と外食消費の1カ月平均消費額を算出すると、2018年はそれぞ

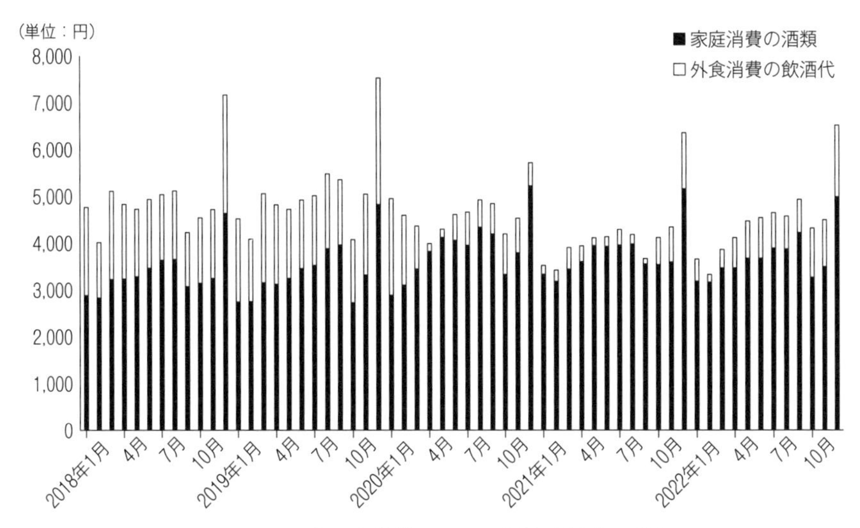

図4－1　2人以上世帯における酒関連消費の推移

出所）総務省「家計調査」より作成。

れ3,361円と1,572円、2019年は3,394円と1,658円、2020年は3,857円と784円、2021年は3,769円と398円、2022年は3,698円と758円となっており、人々の行動制限から、特にコロナ禍で外食での飲酒代は大きく減少していることが分かる[1]。

（2）事例企業の概要

北摂地域においても、表4－2のように複数の酒蔵がそれぞれの特長をもたせた清酒を製造し販売している。その中でも、本章で事例とする秋鹿酒造は1886年に創業した清酒製造業者である（図4－2）。同社は能勢地方の庄屋の分家が酒造業に携わったことが始まりで現在まで続き、現代表取締役は6代目になる。社員およびパートは14名であり、そのうち蔵人は6名である[2]。同社がある能勢町は大阪府北部に位置し、大阪府豊能町、京都府亀岡市、兵庫県川西市などと隣接しており、妙見山や歌垣山などの北摂山系にかこまれた盆地である。夏季は昼夜で一定程度の気温差があり、冬季は氷点下になることも珍しくなく、大阪府内でも特に気温が下がることから酒造に適した地域であると言える。秋鹿

表 4－2　北摂地域における酒蔵

所在地		製造場名	銘柄
大阪府	能勢町	秋鹿酒造有限会社	秋鹿
	池田市	吉田酒造株式会社	緑一
	池田市	呉春株式会社	呉春
	茨木市	中尾酒造株式会社	凡愚
	高槻市	壽酒造株式会社	國乃長
	高槻市	清鶴酒造株式会社	清鶴
兵庫県	伊丹市	伊丹老松酒造株式会社	老松
	伊丹市	小西酒造株式会社	白雪
	三田市	岡村酒造場	千鳥正宗

出所）各社 HP および国税庁「酒蔵ガイドマップ「Tourism on Sake Breweries ～A Guide Map of Sake Breweries in Kansai Area～（令和 4 年 3 月版）」などから作成。

図 4－2　秋鹿酒造の外観

出所）秋鹿酒造提供。

酒造の資本金は900万円であり、生産量は2019年９月期の時点で1,300石、売上高は３億3,000万円となっている[3]。2009年では生産量が2,000石、売上高が２億8,500万円であったことから、生産量は減少したものの、売上高は増加していることが分かる。国税庁「清酒製造業の概況（平成30年度調査分）」では、資本金３億円超、従業員300人超の法人を大企業として区分しており、個人を含むそれ以外を中小企業としている。この区分に基づくと、秋鹿酒造は中小企業と位置づけることができる[4]。

現在、秋鹿酒造が製造している銘柄を整理すると、同社の製品は「秋鹿（あきしか）」と

図４－３　秋鹿酒造の製品

筆者撮影。

「奥鹿（おくしか）」に大別できるが、製品数でみると後者は２種のみであり、前者が主となっている（図４-３）。「奥鹿」は2006年から製造が開始されたが、３年熟成するので生産量も多くないのである。また、現在清酒市場で最も出荷量が多い普通酒については、秋鹿酒造も以前は製造していた。しかし、経営者の方針としてアルコール添加のあるものは製造したくなかったということと、上述した消費者需要の変化により、現在は製造しておらず、販売しているのはすべて特定名称酒である[5)]。

３．秋鹿酒造の原料調達と販路の構築に関する取り組み

（１）自営田での酒造好適米の生産

秋鹿酒造の酒造における特徴の１つとして、自営田で酒造好適米を生産し、自社製品の原料としていることが挙げられる（図４-４）。酒造好適米は生産が限定的であることから、多くの清酒製造業者はJAなどを通じて、もしくは契約栽培により酒造好適米を調達している。秋鹿酒造のように自社で水田をもち原料米を生産する取り組みは一部の清酒製造業者でみられ、同社以外で取り組んでいる主体としては泉橋酒造株式会社（神奈川県）、浜嶋酒造合資会社（大分県）、合名会社渡辺酒造店（新潟県）、丸本酒造株式会社（岡山県）などがある[6)]。秋鹿酒造では、自社で1.5haの水田をもつほか、近隣の農家から20haを借り入れている[7)]。つまり、夏季に酒造好適米を生産し、冬季に清酒を製造しているのである。秋鹿酒造では、麹師、酛廻り、追廻など酒造を担う蔵人のうち５名は農業生産と酒造を兼ねており、１名は酒造のみを担当している。借入田を含め自営田では、2009年から農薬や化学肥料を使わずに酒造好適米を生産しており、現在では清酒の製造過程で発生する酒粕などを堆肥として使う循環型農業を取り入れている[8)]。

次に生産されている酒造好適米の銘柄についてみてみよう。現在、酒造好適

図４－４　秋鹿酒造の自営田

出所）秋鹿酒造提供。

米として日本国内で生産されているのは「山田錦」や「五百万石」などである。こうした酒造好適米の銘柄も清酒の味を決めることから、清酒製造業者にとっては、特定の銘柄の米を安定的に調達する必要がある。**表４－３**は銘柄別の生産量を示したものであり、この表から国内で生産されている酒造好適米は近年９～10万ｔで推移し、中でも「山田錦」が最も多いことが分かる[9)]。秋鹿酒造では「山田錦」を中心に生産しているが、それのみではなく「雄町」も生産され、両者の作付面積をみると「山田錦」15ha、「雄町」５haとなっている。製造している清酒の銘柄のうち一部の味には「雄町」が適していると考えていることから秋鹿酒造は「雄町」を用いても製造しているのである。

ただし、秋鹿酒造は自営田のみで自社で用いる酒造好適米を調達しているわけではない。現在の水田規模では自社の清酒生産量は実現できないからである。そのため、秋鹿酒造では他の多くの清酒製造業者と同じように契約農家からも

表４－３　酒造好適米の銘柄別生産量の推移

（単位：ｔ）

年産	総生産量	山田錦	五百万石	美山錦	雄町	その他
2014	90,185	29,812	22,596	7,786	2,312	27,679
2015	108,797	39,528	27,078	7,838	2,886	31,467
2016	106,618	37,257	26,030	7,513	2,481	33,337
2017	102,400	38,431	20,564	7,018	2,873	33,514
2018	95,856	33,916	21,203	6,408	2,723	31,606
2019	96,454	34,644	19,767	6,475	2,932	32,636
2020	85,179	28,342	17,561	5,710	1,987	31,579
2021	74,756	27,609	13,612	3,816	2,289	27,430
2022	77,397	27,725	14,751	3,742	2,677	28,502

注）2022年産の数値は2023年３月31日時点での速報値である。
出所）農林水産省「米の農産物検査結果」各年版より作成。

山田錦を調達している。契約農家は能勢町の中でも歌垣地区に概ね集中している[10]。秋鹿酒造は、自社で求める質の「山田錦」を安定的に調達するために、1992年に近隣農家17軒と秋鹿山田錦栽培会を結成し、同会では、年１～２回総会を開き、契約農家や他地域の圃場の見学、契約農家に対する秋鹿酒造の栽培面での要求の伝達などをしてきた[11]。なお、秋鹿酒造の自営田での生産量は8.1ｔで、契約農家からの調達量は25.5ｔであり、このことから現在の出荷量を維持するには、自営田のみならず契約農家からの調達も重要になることが分かる。

自営田で生産した原料米と契約農家から調達した原料米とは自社製品の製造で使用を分けており、自営田の原料米で製造された清酒については製品のラベルに無農薬の循環型農業によって生産された米を用いていることが示されている。秋鹿酒造は一部の製品のラベル上の表記を通じて消費者や取引先に原料にもこだわるという自社の方針をPRしているのである。同社は、製造した清酒を販売容器に詰めず他の製造業者に販売するという桶取引もしておらず、自社ブランドとしてのみ販売することから他社との差別化を目指してきた[12]。

（2）自社の方針を理解する取引先との関係の構築

製造した清酒を安定的に販売していくには、自社の清酒の風味や製造方針を理解した取引先と関係を構築していくことも重要になる。そこで、次に秋鹿酒造の販路の構築実態についてみていく。秋鹿酒造の販路をみると、①蔵元での販売（2019年時点での総出荷量に占める比率は1％）、②電話やFAXでの注文による消費者宅への発送（同4％）、③卸問屋への出荷（同45％）、④酒販店への出荷（同50％）となっている。秋鹿酒造では自社でも販売しており、すでに秋鹿酒造の製品を知っている一部の消費者が購入しに来ることもあるが、ほとんどは卸問屋や酒販店を通じて販売されている[13)]。秋鹿酒造の製品を取り扱う酒販店は日本国内に約100店舗あり、岡山県、山口県を除き各都道府県にあることから、同社の製品は概ね全国に出荷されていると言えよう。ただし、酒販店の地域的分布をみると、大阪府を中心としてほぼ半数が関西に位置している。また、近年、冒頭で述べたように世界的な日本食の普及が目指されている中で、秋鹿酒造の製品も、京都府内にあり輸出酒類卸売業免許をもつバーを通じてEU、オーストラリア、米国、シンガポールに向けて輸出されている[14)]。輸出が始まったのは2009年からで、2019年時点では総出荷量の5％を占めている。

秋鹿酒造では、取引している卸問屋あるいは酒販店に対する宣伝や、展示会といった場におけるプロモーション活動はこれまで実施していない。秋鹿酒造の製品が、2019年7月にG20大阪サミットの政府主催の夕食会の乾杯酒として用いられたことや各テレビ番組でも取り上げられたことから、その直後に販売量が増加することもあったが、そうした増加は一過性になる場合も少なくなかった。その一方で、とりわけ上記①②の顧客の中には、それ以前に購入したことがあり風味を気に入ったことから再び購入するという者も多い。

このような販路をもつ秋鹿酒造は、③④について新たな販路を検討する際には、自社の方針に基づき取引するかどうかを決定している。その方針とは、秋鹿酒造の製品の風味を理解してもらい、既存の販路と競合しないかどうか確認したうえで取引をするということである。そのため、新たに秋鹿酒造の製品の取り扱いを希望する酒販店などに対しては、まず同社に来訪し秋鹿酒造の製品の特長を理解することを求めている。すなわち、顔の見える付き合いを志向しているのである。[15)]

4．清酒の出荷量増加にあたっての課題

（1）酒造好適米の契約農家の高齢化

少子高齢化の中で、農家の高齢化とそれに伴う担い手問題が議論され久しいが、この問題は秋鹿酒造でも見られる。秋鹿酒造の契約農家数をみると、2007年は30軒だったが、2010年には10軒になり、2013年以降は５軒というように減少傾向にある。そして、それら生産者の年齢をみると、2019年時点で１軒は30代の生産者が生産しているが、その他は60～70代の生産者である。上述したように、秋鹿酒造では自営田でも自社の原料米を生産しているが、多くを契約農家から調達しており、同社が原料米の安定的調達を図る上で、高齢化による離農の可能性は大きな問題になる。そのため、秋鹿酒造の事業継続、そして秋鹿をはじめとする清酒の存続および販売拡大にあたっては、契約農家の後継者の確保や契約農家の農地を秋鹿酒造の自営田へ切り替えるといったことも検討していく必要がある。特に米生産のような土地利用型農業では耕地面積の拡大がこれまでも検討されてきた。しかし、農地の集積には依然として多くの課題もあり、短期的にみれば契約農家からの調達がなくなるわけではない。

（2）消費実態の把握

清酒はこれまで各地域の食材や料理とともに食文化を形成してきたことから、その消費を促し需要を喚起していくには、ペアリングとも呼ばれるように、各地域または店舗で提供される料理と各種清酒が味覚の面から合うことが望ましい。秋鹿酒造でも風味の異なる複数の清酒を製造しているものの、それぞれど

のような料理とともに消費されているのかという消費実態については十分に把握されていない。とりわけ外食産業については、秋鹿酒造は直接取引しているわけではないので、ほとんどの場合、卸問屋を介して需要量を把握するのみとなっている。酒販店と同様に、秋鹿酒造の清酒を取り扱っている飲食店も関西を中心に多数存在する。さらには、秋鹿酒造の清酒もすでに一部は輸出されているように、総出荷量に占める比率は高くないものの外需への対応は徐々に重要になっている。わが国の清酒の輸出量は1998年に8,088.6kℓ、2008年に12,151.4kℓ、2018年には25,746.8kℓというように増加しており[16)]、総出荷量に占める輸出量の割合も0.7%、1.8%、4.9%と上昇している。この背景には、近年の一部の先進国を中心にみられる日本食ブースがあると推測され、輸出先市場においても清酒の具体的な需要の把握が求められよう。

5．秋鹿酒造の取り組みからみる今後の展望

本章では、秋鹿酒造の取り組み実態と方針から、清酒の製造と販路の構築の実態について整理した。秋鹿酒造は、自営田で無農薬の循環型農業により自社で用いる原料米を生産し、他社との一定の差別化を図ってきた。しかし、無農薬で生産した原料米を使用して清酒を製造しているのは秋鹿酒造だけではないことから、これのみでは他社の差別化は難しいと推察される。そのため、同社の清酒の風味を理解した主体とのみ取引関係を構築し出荷しているのである。これらの取り組みと方針は、日本国内における消費市場が縮小している中で、自社の清酒の消費者需要との合致を促すものと考えられ、今後、出荷量の増加を図るうえでは重要になろう。

ただし、本章の内容は、日本国内に数ある清酒製造業者のうちの1社に焦点を当てたものであり、現在の製造業者の動向の一部を切り取ったに過ぎない。清酒製造業者の中でも資本金や従業員の規模が比較的大きい企業では、自社内

に内需や外需の取り込みのための専門部署を設けプロモーション活動をするなど、本章でみた内容とは異なる取り組みもみられる。そのため、他の清酒製造業者の取り組みと比較し、それぞれの取り組みの有効性について検証することも求められる。また、コロナ禍を経て、国内外において秋鹿酒造の清酒が消費者にどのように消費されているのかという点も重要になる。これらの課題については今後、別途検討していきたい。

付記

本章の内容は、佐藤敦信（2020）「わが国における日本酒市場の低迷と製造業者の事業方針」『北摂総合研究所報』４、pp.35-40を加筆修正したものである。

注

1）家庭消費の中での１カ月平均清酒消費額をみると、2018年に464円、2020円に481円、2022年に451円と推移している。
2）秋鹿酒造では、杜氏はおらず現代表取締役が酒造の責任者となっている。また、これまで蔵人の雇用は、蔵元や酒販店の紹介によるものが主になっている。
3）１石は180ℓに相当する。
4）国税庁「清酒製造業の概況（平成30年度調査分）」によると、2017年度では日本の清酒製造業者のうち、中小企業は99.6%を占めている。
5）ただし、本醸造酒はアルコール添加が必要になるため、秋鹿酒造では製造していない。
6）自営田での原料米の生産に関する情報は各社HPで確認した（各社2019年12月２日閲覧）。
7）借入田は、能勢町および周辺地域の米農家の高齢化と耕作放棄とともに拡大しており、2014年に11ａであったのが、2016年には18ha、2018年には20haになった。
8）秋鹿酒造は、2015年に酒粕蒸留機を導入することで発酵堆肥を作り、それを自社の循環型農業に活用している。
9）山田錦の生産量を産地別にみると、兵庫県が19,764ｔと最も多く、大阪府は27ｔとなっている。
10）能勢町内のみならず、毎年、徳島県や鳥取県からも調達している。以前は、兵庫県の農家からも調達していたが現在はしていない。
11）秋鹿酒造とは異なり、同社の契約農家は無農薬栽培で山田錦を生産しているというわけではない。そのため、秋鹿酒造は自社の生産方針を契約農家に理解してもらう必要があった。ただし、秋鹿山田錦栽培会の活動は徐々に減少し、現在では主だった活動はほとんどないとのことである。

12）桶取引について、小野（2018）では、戦後、大手や地方の有力な清酒製造業者において自社の生産能力では増大した消費者需要に対応できなくなったことから中小の業者の製造によって補強するという構造が成り立ったことと、その後は大手での生産拡充や消費者需要の減退という状況がみられ、桶取引に依存せず自社製品を中心に販売するビジネスモデルを模索する業者が出現するようになったことが指摘されている。

13）能勢町にある妙見口駅の駅前にある食事処でも秋鹿酒造の清酒が提供されており、ここに対しては、同社と距離が近いことから直接出荷している。

14）EU やオーストラリア向けとしては大辛口や生原酒が主に輸出されている。米国へは食品商社を通しても秋鹿ワンカップが輸出されている。

15）木村（2015）では、全国の消費者を対象にしたアンケート調査の結果から、「味覚重視型」、「ブランド重視型」、「低価格指向型」、「消極消費型」の４種のクラスター分析をすることで、味を購入時の判断材料として重視する「味覚確立型」の消費者が最も多く、これらの消費者に対して清酒の味を十分に伝えることが重要であると言及されている。自社の清酒をよく理解している主体と取引をするという秋鹿酒造の方針によって、卸問屋や酒販店を通じて同社の風味などの特長が消費者に伝達されることも考えられる。

16）この数値は、統計品目番号2206.00-200で財務省「貿易統計」から抽出したものである（2023年７月15日閲覧）。

参考文献

井出文紀（2019）「日本酒蔵元の集積と販路拡大、海外展開――飛騨・信州の事例から――」『立命館国際地域研究』49、pp.69-92。

小野善生（2018）「酒造業経営者の企業家行動　滋賀県の日本酒メーカーにおける事業変革に関する研究」『滋賀大学経済学部研究年報』25、pp.49-76。

梶本武志（2014）「清酒に関する政策の展開と酒造業の活性化政策――京都市酒造業を事例に――」『龍谷大学大学院政策学研究』３、pp.19-38。

木村宜克（2015）「中国地域における日本酒ブランド確立および消費拡大についての方策検討調査」『日本醸造協会誌』110（12）、pp.827-839。

佐藤淳（2021）『國酒の地域経済学――伝統の現代化と地域の有意味化――』文眞堂。

都留康（2020）『お酒の経済学』中公新書。

浜松翔平・岸保行（2018）「海外清酒市場の実態把握――日本酒の輸出と海外生産の関係――」『成蹊大学経済学部論集』49（1）、pp.107-127。

丸山一芳（2017）「伝統産業におけるイノベーションを起こす企業家精神――日本酒にお

ける塩川酒造の事例研究――」『関西ベンチャー学会誌』9、pp.26-34。
農林水産省「日本酒をめぐる状況 令和5年9月」https://www.maff.go.jp/j/seisaku_tokatu/kikaku/attach/pdf/sake-5.pdf（2023年7月12閲覧）
国税庁「清酒製造業の概況（平成30年度調査分）」https://www.nta.go.jp/taxes/sake/shiori-gaikyo/seishu/2018/pdf/all.pdf（2023年7月21日閲覧）

（佐藤敦信）

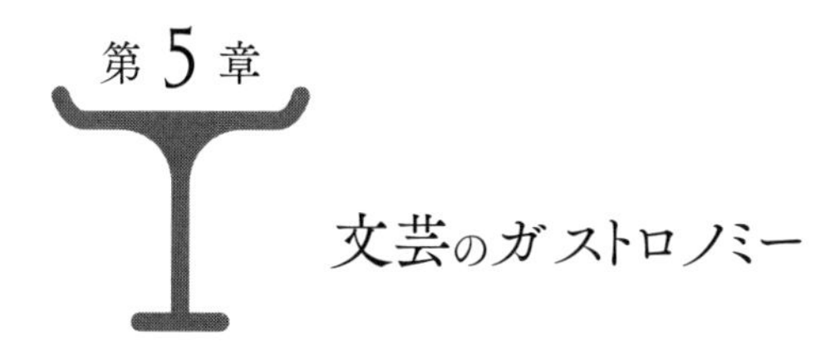

第5章 文芸のガストロノミー

（池田）

第5章では、「文芸のガストロノミー」と題し、池田市の食にまつわる言説としての落語「池田の猪買い」とのその中に登場する「猪」の料理を活用した地域振興策への挑戦を取り上げたい。すなわち本章は、本書で注目するガストロノミー資源における「言説」を軸とした地域振興の事例研究であると言えよう。

1．池田の落語による地域振興

本章が研究対象とする地域である池田市は、大阪府北部の北摂豊能地域に位置する都市であり、1939年に市制施行により市となった。2020年の「令和２年国勢調査」[1)]の確報値によれば、４万8,611世帯、10万4,993人の居住がある。2015年数値（「平成27年 国勢調査」）では、４万5,777世帯、人口10万3,069人と、世帯数と人口の双方で伸びを見せている。また、北摂山系の五月山を有し、河川では一級河川の余野川、箕面川、石澄川、神田川などを流す。池田市は豊かな自然環境を湛えているのである。そして、この環境を活かし、産業分野では古くから、池田酒、池田炭[2)]などで栄えた。

本章の扱うところの地域振興においては、「歴史と未来が織りなす街[3]」をキャッチフレーズに観光振興を推し進めている。例えば、呉服神社から歴史的建造物集積地区、池田条城跡公園などをめぐる「歴史散策コース」や五月山動物園・五月山緑地から（第7章でも紹介する）カップヌードルミュージアム大阪池田（日清食品）、またヒューモビリティワールド（ダイハツ工業）を見学する「ファミリーコース」などの観光モデルコースを開発しプロモーションしている。これを見れば、自然景観、歴史遺構、観光施設、産業観光など、新旧の観光資源や観光スタイルである「テーマ別観光」を組み合わせ活用し、観光振興を進めていることが分かるだろう。そして、これらのコースに並び、「演劇と街並みコース」と称して演技や落語にまつわる文化観光も推進しているのである[4]。

池田市は、「落語のまち池田」を自称している。これは、「池田の猪買い」、「池田の牛ほめ」、「鬼の面」などの複数の上方落語に、「池田」の地名が登場ことを理由としている。また、上方落語の名跡「春團治」の初代ならびに二代目の碑が、三代目 春團治によって池田市 受楽寺に建立されている。これらを見るに、池田市と落語との縁が深いのは確かである。

池田市と落語との関係を生かした具体的な観光施策の1つとしては、池田市在住の桂文枝氏が名誉館長を務める「落語みゅーじあむ」こと「池田市立上方落語資料展示館」が2007年4月に開館している。付随し連携するイベント面では、「いけだ落語うぃーく」、「アマチュア落語家 発表会寄席」、「池田春団治まつり」など、多数多様な催しを開催しているのである。本章と関わる「食」と落語との関連では、街バルと落語を組み合わせた「いけだ落語バル[5]」、さらに本章で取り上げるイベント「“池田の猪買い” はじめました～」を実施している。池田市は、その落語との縁（関係性）を活かした地域振興策を懸命に推進してように見える。

２．落語「池田の猪買い」

それでは、本章が注目する落語「池田の猪買い」とは、どのような話なのであろうか。まずは、梗概を見ることとしよう。

> 少し足りない大阪の男、体が冷えて困る※と長者にこぼすと、それならシシ（猪）の肉を食べるがよいと教えられる。ただし肉屋にあるような古いのはだめで、射ち殺したしたばかりの新しいのでなければ効かないというので、教えられた通りの人のところへ出かけて行く。池田は大雪で、やっと狩人の六太夫のところを探し当て、射ちたてのシシがほしいからといって、六太夫を狩りに引っぱり出した。山へ行ってみると、雪の中に雄雌二頭のシシがいたが、やわらかい肉の雌を射つか大きい方の雄を射つか、男が決めかねているので、しびれを切らした六太夫は雄の方を射ってしまう。倒れたシシのそばへ来て男が「これ新しいか？」。六太夫はあきれて鉄砲の台尻でシシをポンとたたくと、弾丸の音で気絶しただけだったシシが、息を吹き返して逃げ出した。そこで六太夫「それ見い、あないに新しいわい」（東大落語会編 1974：219「猪買い」）
>
> ※著者注：「冷え」という病状が示されているが、これは性病全般を指すものであり、この男は淋病を患っている。この下りは、下げには過ぎることから、省かれることが多い。

落語「池田の猪買い」は、江戸時代の噺家である初代 露の五郎兵衛作『露休置土産』にある「野猪の蘇生」が原話とされる（東大落語会編 1974：219）。上方落語の継承と復興への功績から「重要無形文化財保持者（人間国宝）」の認定を受け、「文化勲章」も受勲した三代目 桂米朝の解説（桂 1970：232-233）によれば、「池田の猪買い」は旅ネタと呼ばれる一群の道中ばなしに分類される。現代では、大阪の梅田から池田まで阪急電車で20分程度の移動であるが、昔はこれでも立派な旅であったそうである。池田は先にも示したように、酒や炭の産地として知られていた。ただ、大変な田舎のように扱われていたようである。そして、米朝によると「今（著者注：『米朝上方落語選』出版の1970年当時）でも牡丹鍋（著者注：猪鍋）を食べさせる料亭が多い」との記述もある。牛肉を食べる習慣ができる以前は、猪は身体の保養のために「薬喰い」と称してよく食べられたとも書かれている。

この「病気を患ったおもしろい男が、薬として猪を求めるドタバタとした道中劇」の中で、猪の料理は「薬喰い」としての滋養溢れる食べ物としてだけでなく、長老も食べたがる美味しく貴重な食べ物として描かれている。そして、はっきりと「池田」という地名が出ることで、（現在の都市化が進んだ状況とは関わりなく、）池田の名物としての「猪」を印象づけているのである。

3．猪　　食

さて次に、もう１つのテーマである「猪食（いのししょく：猪を食べること）」について、いくつかの事実を確認しておきたい。大きく「日本における肉食」と「池田における猪食」についてである。

日本列島における人の営みは、旧石器時代は通説で10万年、少なく見積もっても７から８万年前に遡ることができると考えられている。もちろん当時は、更新世時代の氷河期であったため寒く、食用に適する木の実や野草は限定され、鳥獣の肉や海産物を主な食料としていたとされる。縄文時代になると、氷河期も終わり温暖な気候となったことから、食物摂取における採取植物の割合は大幅に増えた。ただし、もちろん狩猟や漁撈も盛んにおこなわれている。

本章の対象地域となる大阪・北摂の池田においても、このような状況が垣間見られる遺物が見つかっている。池田市の五月丘丘陵に位置する伊居太神社参道遺跡では、縄文時代のサヌカイト（古銅輝石安山岩）製の石鏃（せきぞく）（矢じり）、京中遺跡でも同様のものに加え石ヒ（匙）が、また近隣の畑では同製の尖頭器（槍先様の石器）が採集されている。他方、出土した土器は少量であり、残念ながら遺構は見つかってはいない（池田市教育委員会 1998: 1）。しかしながら、縄文時代の大型石器が複数発見されたことから、この地で猪や鹿などの比較的大型の哺乳類を狩っていたことは容易に推測される。

有史時代になると、猪が広く食べられていたことは明白である。日本では仏教伝来（538年）による影響で、律令時代から明治天皇の「肉食解禁の令」（1872年）まで、肉食が禁じられていたような印象が広くあるかもしれない。しかしながら、必ずしもそのような事実はない。肉食が禁じられていた証左としてしばしば「天武の肉食禁止令」（675年）が挙げられる。ただ実際には、この令は禁漁（猟）やその期間（4月1日～9月30日）を定め、牛、馬、犬、猿、鶏の肉を食べることを禁ずるものであった。さらに、喫食禁止の対象の中に最も食べられていたはずの狩猟鳥獣である猪と鹿が抜け落ちている。つまり「天武の肉食禁止令」は、肉食そのものを禁ずるものではないのである（中澤 2018: 38-40）。その後も幾度となく「肉食禁止令」とされるものが出されている（田中 2017: 18）。しかし、すべて特定の条件での肉食（とそれにかかわる行為、例えば、猟や殺生など）を禁ずるものであり、市井での肉食すべてを禁ずるものではない。そして、それを証明する文献も数多存在する。

総合すると、仏教の教えを基礎とする「不殺生」の考え方から、日本では長らく「肉食忌避」が建前として行われてきたことは事実である。一方で、肉食にも身分や階層ごとの禁忌や喫食実態に相違は存在した。さらに、肉食を禁じられた者に対しても、鹿を食べてもよいという免罪符である「鹿食免（かじきめん）」や本章で取り上げている薬として肉を食べる「薬喰い」などの肉食に対する逃げ道も用意されていた。こうして日本では、美味しく、栄養のある猪は連綿と食べ継がれてきたのである。

先の落語「池田の猪買い」にあったように、池田は江戸時代には猪の有名な猟場であり産地であった。また、文明開化以降の昭和には、池田に牡丹鍋（猪鍋）を食べさせる料亭も多数あったようである（桂 1970：232)。「池田市立上方落語資料展示館（落語みゅーじあむ)」には、射止められた大型の猪とともに写る猟師と猟犬の姿など、池田郷土史学会から提供された写真が並ぶ。また、「明治の猪肉の販売看板」として、1906年に創業された猪肉店（大阪府豊能郡池田町、現池田市西本町）の木製看板も展示されている。池田は、猪猟、猪食と深くつながる土地柄なのである。

4．落語「池田の猪買い」と地域振興策

さてここまで、落語「池田の猪買い」の言説の中身、そして「猪食」について確認してきた。次に、それらがいかに池田市の地域振興に活用[6)]されているかについて具体的に見て行きたい。

先にも紹介したように池田市と落語の縁を活かし、池田市栄本町地区整備事業の一環として「落語みゅーじあむ」こと「池田市立上方落語資料展示館」が2007年４月に開館した。これに伴い、前年2006年９月頃より、街づくり会社と池田市商工労働課担当者間で「落語」を題材とした地域ブランド構築を目指す協議が始まった。「落語みゅーじあむ」の開館後の2008年には、「落語のまち池田」をテーマに地域ブランド構築を目標としたプロジェクト「池田風落語一店一席『おたな KAIWAI』」が立ち上げられることとなる。この様子は、複数の新聞紙面でも取り上げられることとなった。そして、まずは３月に参加店数22店にて「おたな KAIWAI 散策マップ」が作成された。このマップは同年11月には41店舗での改訂版が出され、翌2009年３月に参加店44店、11月には52店での改定が成され、その後は50店舗を超える数で改訂版の発行が続いた。加えてこの間、月一での催し「おたなの日」、年一で「おたな商人祭（あきんどまつり）」と「おたな感謝祭」などの多数のイベントを開催している。

2012年になると、事業立上げ６年目を連携の年と位置づけ、店舗間連携を深める事業を実施し、市内観光施設と連携を図っている。ここでおこなわれたのが、本章の注目するイベントである「池田の猪買いはじめました～」である。おたなKAIWAI飲食店部会の企画により、12店参加がした。さらに、2012年１月10日には、キックオフイベントとして６店の出店で「猪－１（シシワン）グランプリ」開催された。以下、この２つのイベントについて概要をまとめたい。

イベント「池田の猪買いはじめました～」は、既存店舗において、落語「池田の猪買い」にちなんだ特別メニューを期間限定で提供するキャンペーン型イベントである。参加店舗は、それぞれ、豚玉ではなく「猪玉」、酢豚ならぬ「酢猪」、「猪カレー」、「猪土手焼き」など、バラエティーに富んだ猪肉料理を提供する。また、菓子店など、猪肉は使わないが「猪の姿」をしたまんじゅうを作る店もある[7]。参加店舗での期間を設定した「猪」をテーマとしたメニュー提供に加え、参加店舗で使用可能な割引券の当たるスタンプラリーを同時に開催する。これにより、店舗間での協力と参加飲食店のプロモーションをおこなっているのである[8]。

そして、「猪－１（シシワン）グランプリ」はそのキャンペーン期間の開始イベントとして設定されていた。「猪－１（シシワン）グランプリ」では、2006年に第１回大会を開きご当地グルメブームを巻き起こした「ご当地グルメでまちおこしの祭典！ B-1グランプリ」に倣った来場者の投票により優勝者を決めるテントブースを用いた単日開催のグルメ・コンテスト型イベントである[9]。「池田の猪買いはじめました～」の開会に合わせ、プロモーション的な意味合いも持っていたように位置づけられる。2013年、「池田の猪買いはじめました～」の２回目開催から数回、セットとしての開催実績があった。

加えて、近年になるとジビエ人気を意識したPRもおこなっていたようである。2014年には、ぐるなび総研が選ぶ日本の食文化を後世に遺す「今年の一皿」として、「ジビエ料理」が選出されている[10]ように、ジビエは一種のブームともなっている。その理由は、農林水産省が六次産業化を推進の一環として、国産ジビエ（狩猟で得た野生鳥獣の食肉を意味するフランス語で、日本においては鹿や猪などの野生鳥獣の肉を指す）の利用促進のため、情報発信と資源の有効活用に向けた取り組みを展開している。加えて2014年11月に厚生労働省により「野生鳥獣肉の衛生管理に関する指針（ガイドライン）」を策定したこと、また2016年12月に「鳥獣被害防止特措法」の一部改正により、捕獲した鳥獣の食品（ジビエ）としての利用が明記されたことで、日本においてもジビエの提供が本格化している（日本ジビエ振興会 2019：4）。一方消費者側でも、猪肉は牛や豚などと比して、カルシウム、ビタミン類、蛋白質他栄養素が豊富でヘルシーな食肉[11]であることから、その需要は増加している。イベント「池田の猪買いはじめました～」においても、2018年のチラシ（図5-1）を見るに、「北摂一のジビエの祭典！落語のまち池田、冬の風物詩！」とあり、ジビエへの意識と当該イベントの定着度が見て取れるだろう。

ただし、イベント「池田の猪買いはじめました～」は、地元地域の獣害などに悩み、猪の有害鳥獣としての駆除とその肉を活用するという枠組み[12]による猪活用ではない。あくまで、落語「池田の猪買い」すなわち「猪と言えば池田」という言説をブランドとして活用する地域振興策であると本論では考える。

5．言説を核とした地域振興策の考案

最後に、以上紹介した池田市の落語「池田の猪買い」を核とする地域振興策について、地域振興における食資源という観点から多少の考察をおこない、本章を終わることとしたい。最初に最も大事なことは、この池田市の取り組みが、落語「池田の猪買い」という文芸における言説を中核的資源とした取り組みであることである。実際には現在の池田市は、人口も増加し都市化が進んだことで、一次産品・食材としての猪の産地ではない。それでも、「池田の猪買い」を通じて、「猪と言えば池田」という１つの評価・価値が池田にはある。これを

図5-1　「池田の猪買いはじめました～」2018年版チラシ

出所）いけだサンシー株式会社。

活かし地域振興につなげたイベントこそが、「池田の猪買いはじめました～」なのである。

加えて、地域に存在する他の地域資源も有効に活用している。まず、地元地域の飲食店を活用し、料理人を実施主体であるプロジェクト「おたなKAIWAI」に取り込んだこと。これは、既存の資源を活かすことにより、多様な調理法で猪料理を提供すると共に、新しい施設を作るなど不要な出費も防ぎ、また地域全体に経済効果をもたらす。次に、「猪－1（シシワン）グランプリ」という流行のグルメ・コンテスト型イベントをキックオフに用いていたこと。最後に、観覧施設としての「落語みゅーじあむ」との落語を通じた連携により、飲食店の本来の利用者とは異なる落語ファンというセグメント（細分市場）を取り込んだこと。さらに追加的に、近年は「ジビエ」という新しいブームをも意識し、ジビエのセグメントに手を伸ばしていることである。これら資源の有効活用により、2012年から2019年まで継続してイベントを開催し、地域に定着した風物詩へと育て上げたことは、地域振興の事例として極めて高く評価される。惜しむらくは、新型コロナウイルスの蔓延と推進組織である「おたなKAIWAI」事務局を引き受けていた街づくり会社を失ったことで、2023年現在、アフターコロナでの開催を見ていないことである。筆者は、「池田の猪買いはじめました～」の再開を心から待ち望んでいる。

付記

本稿は全体として本研究プロジェクトに参加いただいた木村未来氏の報告（2019）「落語「池田の猪買い」から、現代の食イベントへ」『北摂総合研究所報』4、pp.49-52を参考としている。

注

1）総務省統計局「令和2年国勢調査」。
2）池田市史編纂委員会（1960）「池田酒造史」と「池田炭」に詳しい。
3）池田市観光協会サイト https://www.ikedashi-kanko.jp/（2023年11月閲覧）
4）池田市観光協会サイト「おでかけIKEDA：おすすめコース一覧」https://www.

ikedashi-kanko.jp/course/recommend-course06（2023年11月閲覧）

５）「いけだ落語バル」は、池田駅周辺17店舗が参加するいわゆるまちバルである（「まちバル」については詳しくは、第６章参照）。一般のまちバルと異なるところは、チケット１枚につき「お得なバル限定メニュー」に加えて、「落語一席」を楽しむ点である。「いけだ落語バル」は2019年11月17日の開催で、７回目をむかえている。池田市観光協会サイト「おでかけ IKEDA：第７回いけだ落語バルを楽しもう」https://www.ikedashi-kanko.jp/family/5830（2023年11月閲覧）

６）本事業の中核となった街づくり会社「いけだサンシー株式会社」（2002年10月設立）が、2020年４月に解散したこと（「いけだサンシー解散：池田の３セク）」『読売新聞』朝刊2020年５月６日）により資料収集が困難となった。そこで本調査では、特にことわりの無い限り、「池田の猪買いはじめました～」開催までの経緯については、過去の同社発行資料「池田ブランド構築事業について」（大阪府商業施策研究会「第10回 商店街活性化セミナー」2014年９月29日）を基本資料とした。

７）「池田にイノシシ食べに来て、阪急周辺の11店」『読売新聞』2012年３月７日朝刊、p.31。

８）「“池田の猪買い” はじめました～」『クレハプラス』2019年１月号、大新社、Vol.52、pp.6-7。

９）「選んで池田 猪－１」『読売新聞』大阪版、2013年１月７日朝刊、p.31。

10）「日本の食文化を後世に遺す「今年の一皿」2014年は「ジビエ料理」に決定！」『ぐるなび総研 NEWS RELEASE』2014年12月４日。

11）北摂地域の猪肉が特に α-リノレン酸を豊富に含んでいるというユニークな研究も存在する。溝口（2015：197-207）。

12）四方・今井・鄒（2008：29-35）が、この問題意識を持っている。

参考文献

池田市教育委員会（1998）『池田市埋蔵文化財発掘調査概報1997年度』p.1。

池田市史編纂委員会（1960）『池田市史 各説編』経済編「池田酒造史」「池田炭」。

桂米朝（1970）『米朝上方落語選』立風書房、pp.232-233。

四方康行・今井辰也・鄒金蘭（2008）「イノシシの資源化による地域活性化」『農林業問題研究』44、pp.29-35。

田中康弘（2017）『ニッポンの肉食 マタギから肉処理施設まで』筑摩書房（ちくまプリマー新書）、p.18。

東大落語会編（1974）『増訂版 落語事典』「猪買い」青蛙房、p.219。

中澤克昭（2018）『肉食の社会史』山川出版社、pp.38-40。

日本ジビエ振興会（2019）『ジビエハンドブック 第２版』（一社）日本ジビエ振興会、p.4。

溝口正（2015）「古典落語「池田の猪買い」の有益性」『大手前大学論集』16、pp.197-207。
池田市観光協会サイト https://www.ikedashi-kanko.jp/（2023年11月閲覧）
総務省統計局「令和２年国勢調査」https://www.stat.go.jp/data/kokusei/2020/index.html（2023年11月閲覧）

（村上喜郁）

第 6 章

食べ歩きイベントのガストロノミー
――バルフェスタいばらきにみる「まちバル」と地域の食環境――
（茨木）

本章では、「食べ歩きイベントのガストロノミー」として「まちバル」を取り上げ、その「食」資源の活用と地域振興の価値について述べたい。そこで先に「まちバル」の実態について概観し、次に大阪北摂での事例「バルフェスタいばらき」に関して事例研究をおこなう。

1．函館における食べ歩きイベントの始まりと他地域への広がり

（1）食べ歩きの解釈

本章のテーマである茨木市の食べ歩きイベントを紹介する前に「食べ歩き」という言葉と食べ歩きイベントの先行事例について紹介しておかなければならない。まず、「食べ歩き」という言葉であるが、この言葉には二通りの解釈がある。1つは「食べ回る」という解釈で、複数の飲食店などを巡ることを指す。そして、もう1つは「歩きながら食べる」という解釈で、手で持ちながら食べられるような食べ物を移動しながら喫食することを指す。後者の解釈は比較的近年になって広まったものとされており、今日では新聞や雑誌等のメディアでも両方の意味で使われるようになっている。なお、本章で取り上げるのはこの

食べ歩きのイベントであるが、これは食べ回ることを目的としたイベントである。

（2）函館西部地区バル街

次に食べ歩きイベントの先行事例として「函館西部地区バル街」を紹介する。「バル街」は2004年に函館で開かれた国際会議「スペイン料理フォーラム」に合わせておこなわれた会議の参加者向け食べ歩きイベントがきっかけとなり始まったものである。そしてその後、国際会議に合わせた付帯的イベントではなく、一般の人々を対象とする単独イベントとして開催されるようになった。その際に「函館西部地区バル街（以下、バル街）」という名称が付けられ実施されたものである。イベントの形態としてはチケット制が採用されている。チケットは５枚綴りで価格は前売りが4,000円、当日が5,000円である（第34回、2023年）。料理が一皿とドリンク一杯を提供することが基本となっており、各店舗がこのイベントに合わせたメニューを提供する。イベントへの参加店舗数は2023年秋の開催で60店舗とエリアを限定するイベントにもかかわらず、趣旨に賛同する多くの店舗が参加している。

この「バル街」は開催以降、様々なメディアで紹介されるなど、食を通したまちづくりの事例として注目されるようになった。そして、2019年には「サントリー地域文化賞」を受賞するなど、地域文化の向上に貢献したという評価とともに、後述する同様のイベントの他地域への広がりのきっかけとしても評価されている。

（3）スペインのバル文化

バル街についての説明では述べていなかったが、バル街というイベントが誕生した背景にはスペインのバル文化がある。スペイン（特にバスク地方）では「ピンチョ（複数形：ピンチョス）」と呼ばれる軽食[1)]があり、その軽食をつまみにお酒を楽しむお店として「バル」がある。日本では「はしご酒」という文化があるが、スペインにもバルを複数軒食べ歩く文化が存在する。バル街では、そのバル文化をスペイン料理フォーラムの参加者に会議がおこなわれた函館（西部地区）で再現し、楽しんでもらおうとしたものであった。そのため、「バル街」でもピンチョスとドリンクのセットが基本として１枚のチケットで提供される設定となっている。

なお、本章のテーマからは少しそれるが、このバルについては特に美食のまちとして知られるサン・セバスチャンが有名であることを言及しておきたい。毎年、ピンチョスのコンクールがおこなわれるなど、サン・セバスチャンの地域資源の代表的存在となっている。また、サン・セバスチャンのバル巡りは観光資源としても注目される存在で、旅行会社も観光商品として提供され多くの旅行者が訪れている。

（４）伊丹まちなかバル

「伊丹まちなかバル（以下、まちなかバル）」は2009年に始まった食べ歩きイベントである。先述している函館の「バル街」を参考に企画されたイベントで、「バル街」と同様のイベントとしては本州で初めて開催されたものとされている。

伊丹市は清酒発祥の地とされていることもあり、地元の酒造会社が協賛として参加している。また、イベントでも伊丹の地酒を提供している店舗が分かるように示されていることが特徴である。まちなかバルは「バル街」を参考におこなわれたイベントであるが、地域にはそれぞれの環境があり異なる部分が存在する。すなわち、すべての食べ歩きイベントでまったく同じように模倣することは困難であり、また同じようにすることは地域の良さが活かせないことにもつながる。スペインのバル文化とは異なるが地域の特産品である地酒に注目されていることは、まちなかバルが地域環境に合ったイベントとして適応した１つの表れであろう。

（5）近畿中心市街地活性化ネットワーク研究会および近畿バルサミット

まちなかバルの開催以降、近畿地方の多くの地域で同様の食べ歩きイベントが開催されるようになる。その１つとして、近畿中心市街地活性化ネットワーク研究会および近畿バルサミットの影響が指摘されている。

近畿中心市街地活性化ネットワーク研究会は、その名称の通り近畿地方の中心市街地活性化に関する情報共有を目的とした組織である。2010年１月に伊丹市でおこなわれた同研究会で「まちなかバル」についての報告がされている。また、近畿バルサミットは前述の「まちなかバル」の開催に合わせておこなわれている会議で、近隣のまちで同様のイベントをおこなう団体などが参加して情報交換・交流がおこなわれている。これらの情報共有・交換が近畿を中心とした「まちバル」イベントの広がりを加速させた要因の１つと考えられる。

（6）「まちバル」について

ここまでで、函館の「バル街」からスタートし、同様の食べ歩きイベントが各地に広まったことについて紹介してきた。食べ歩きというものは先述しているように二通りの解釈があり、食べ歩きイベントという言葉では様々な地域でおこなわれている同様のイベントを表現するには適さない。また、一部のイベントではバル街やまちなかバルに影響を受けたことで、「地域名」と「バル街」や「まちなかバル」という組み合わせが複数存在するが、これらの食べ歩きイベントを総称する名称として定着しているとまでは言えない状態である。加えて、同様のイベントが各地でおこなわれるようになったことについて先述しているが、イベントの方式や内容については各地域で工夫されることも多く、先行事例であるバル街やまちなかバルに当てはまるものだけにとどまらない。そこで便宜上、「バル街」から始まり、「バル街」を参考に各地に広まった食べ歩きイベントを以降では「まちバル」として表現する。なお、「まちバル」の名称という点では「祭り」という言葉が入る地域が複数存在することも興味深いところである（例えば、池田市の「阪急石橋バル　はしご酒祭り」、京都市の「山科バルフェスタ」など)。「まちバル」は多くの地域でイベントを実施する地域周辺に住む人々を対象としているもので、それは「バル街」にも当てはまる。地域住民を主たる対象とするところは「まちバル」と祭りで通じるところがあると言えよう。

2．茨木市の「まちバル」

（1）バルフェスタいばらきの誕生

先述しているようにバルが近畿地方での広がり見せていた2012年に茨木市での「まちバル」が始まった。名称は「バルフェスタいばらき（以下、いばらきバル)」である。イベントの主催は「いばらきバルフェスタ協会」で地元の小学校で長年教諭を務められた原秀志氏が代表を担っている。協会代表、現在もイベントの事務局を担う株式会社リィーベン・ジャパン、そして飲食店経営者らによって企画され、第一回の「いばらきバル」がおこなわれるに至った。

（2）イベントの内容

基本的なイベント形態は先行しておこなわれている「まちバル」と同様、料理が１皿と１ドリンクが提供され、イベントに参加する店舗を巡るという形であるが、いばらきバルについては新型コロナウイルス感染症拡大により、それ以前と以降とで大きく実施方法が異なる。新型コロナウイルス感染症拡大以前、2012年の第１回から2019年の第８回までは、多くの「まちバル」で採用されているチケット制でイベントがおこなわれていた。チケットは５枚綴りで価格は前売りが3,000円、当日が3,500円であった（2019年第８回)。そして、新型コロナウイルス感染症が拡大して以降は、多くの「まちバル」が中止となったのであるが、「いばらきバル」はイベント期間が短期間であるチケット制であったものを、長期間開催する方式のパスポート制に変更することで来客が集中することを避け、イベントを中止にせず継続して開催している。

特に酒類を提供する店舗では営業自粛や営業時間の短縮が求められた時期もあったため、一般的にお酒を楽しむイベントでもある「まちバル」への影響は大きかった。ただし、「いばらきバル」の場合、詳細は後述するが、酒類を提供する店舗が多く占める一般的な「まちバル」とは異なり、様々な飲食店そして飲食店以外もイベントに参加している。こういった点がコロナ禍でもイベントを継続させることができる要因となっているように思われる。

（3）他地域の「まちバル」との違い

いばらきバルの特徴はいくつかあるが、他の「まちバル」と比べ目立って異なる点は4つのジャンルが設けられているところである。「バル・ジャンル」という名称がつけられており、「飲食バル」、「カフェバル」、「テイクアウトバル」、「ナイト・プレイバル」という4つに分けられている。それぞれの内容の詳細は図6－1の通りである。

「お酒が飲めない方や、お子様のいるご家族連れの方でも楽しんでいただけるように」ということを目的に4つのジャンルが設定されている。また、ジャンルが分かれていることに加え、参加店舗についての詳細情報が掲載されている公式ガイドブックには「お子様連れのお客様も歓迎の店舗」というマークがあり、該当する店舗にはマークが付けられる。一般的な「まちバル」はお酒の飲める成人を主な対象であるが、それとは異なり親子が一緒に「まちバル」に参加できるように取り組まれているところが「いばらきバル」の特徴と言える。

次の特徴はイベントおよびイベントに関連する取り組み期間の長さである。先述しているように新型コロナウイルス感染症への対応からチケット制からパスポート制に変更したことからイベントの開催期間が長くなっている。2023年の開催期間は10日間であった。また、イベント期間後でもパスポート購入者が割引等の特典を受けられる「クーポンパス」という制度が設けているところも特徴である。なお、2023年の「クーポンパス」の利用期間は約3カ月間という

飲食バル

居酒屋、和食や洋食、多国籍まで様々なジャンルのお店がそろっています！バラエティに富んだメニューを、ここぞとばかりに食べ比べしてください。

カフェバル

お酒が飲めない方や、女性同士にオススメしたいのがこちら！カフェ巡りを堪能したり、お酒を飲む合間に甘いものを楽しむのもgood！ゆったりしたひと時をお過ごしください。

テイクアウトバル

食べ歩きに満足したら、是非おみやげを買って帰りましょう！ご自宅に帰ってからも美味しく食べて頂ける商品を集めましたので、ご自宅でもバル気分を味わっていただけます！

ナイト・プレイバル

バーでしっとりと大人の雰囲気をいばらきナイトで過ごしてみませんか。あわせて、みんなで集まってワイワイ遊ぶ、プレイバルが新登場！

図6－1　いばらきバルの「バル・ジャンル」

出所）バルフェスタいばらきHP。

期間が設定されていた。「まちバル」は一般的に短期間に地域を回遊してもらう機会を作るイベントである。その中にあって「いばらきバル」の期間の長さは特徴的であり、参加店舗の利用を長期間促進していこうとする考え方であることが伺える。

そして、図6－2のように参加店舗数が多いところも特徴である。先に紹介している「バル街」は60店舗（第34回、2023年)、「まちなかバル」は78店舗（第28回、2023年）であった。ジャンルを分け対象を広げていることで飲食店等、様々なお店の参加がしやすくなっている点や、地域の飲食店などが「まちバル」に

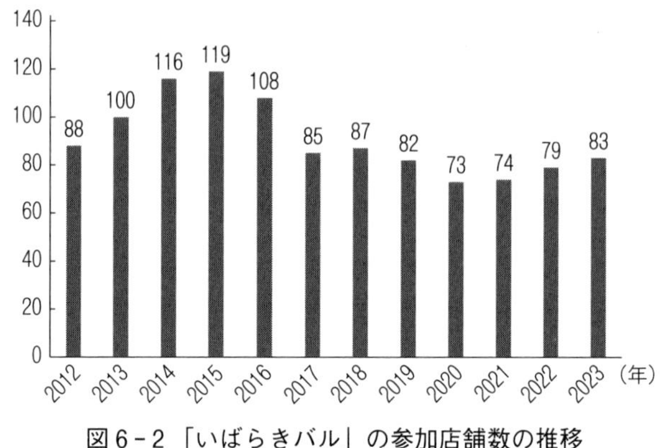

図６－２「いばらきバル」の参加店舗数の推移

出所）バルフェスタいばらきHP。

対して積極的に参加しようとしている点が影響しているものと考えられる。

その他、イベントの期間中には大学生によるイベントやサポート活動・PR活動がおこなわれている点も特徴的である。2023年の「いばらきバル」では立命館大学、追手門学院大学のそれぞれの大学生による店舗紹介やイベント紹介の動画が製作されYouTubeで公開されている。また、追手門学院大学の学生による「コラボイベント」も実施されている（イベント内容については後述する）。

3．いばらきバルに見る「まちバル」のメリット

（1）運営・店舗関連

ここでは「まちバル」の事例から「まちバル」を実施することのメリットを考えていく。なお、「まちバル」の運営・内容は各地域（団体）で異なるため、いばらきバルを事例とする。

a　既存資源の活用

先ず、既存資源が活用できるイベント形式であることが挙げられる。一般的なフードイベントでは大きな会場を使用し、割り当てられた仮設ブースで参加者（店舗）が商品を提供するという形がとられる。この場合、参加するにはブースで営業するための準備やイベント当日に人員を割かなければならない。人員に余裕がある店舗であれば、通常営業も行いながらイベントに参加することも可能であるが、そうでない場合はイベントに参加するために店舗の営業を休止するなどの対応が必要となる。また、調理機材等が移動できないなどで代わりとなる機材の調達が必要となる場合はその費用が必要になる上、通常の調理工程を見直す必要や店舗では提供しない商品に変更する必要性が生じる場合もあるであろう。さらに、こういった対応は経営資源が余分に必要になるとともに、臨時の対応からお店の味を再現することが困難なことも考えられる。それに比べ、本来の店舗でイベントに参加できれば通常営業と同じ環境であるため、対応が容易であることが利点である。

b　設定を設けることによる各店舗の工夫

リーダーシップ、イノベーションの研究者として知られるパディ・ミラー氏は著書『イノベーションは日々の仕事のなかに』で、イノベーションを起こすには制約[2)]を与えることが重要であると述べている。飲食店は普段よりメニュー開発など努力すると思われるが、個人経営の飲食店などでは外部からメニューに対して制限が加えられることはあまりないことであろう。しかし、「まちバル」ではチケット（パスポート）価格が設定されるため、提供できるものの制約が加わる。また、イベント用に新しいメニューにチャレンジする場合もあり、制約と挑戦機会という２つの効果が生まれる。これらにより店舗の工夫を促す良い機会となっている。

図6-3　コラボイベントとして実施された「あい席バル」

出所）バルフェスタいばらきHP。

c　協力と競争

先述しているように「いばらきバル」は参加店舗数が多い（図6-2）。多くのお店がイベントに協力していることは参加したことによる経済的メリットももちろんある一方で、地域イベントに対して協力しようという動きになっていることは確かである。また、2016年と2017年の開催では店舗の企画として出会いを創出するためのイベント「あい席バル」（図6-3）が開催されるなど、主体的に協力する動きがあった。店舗側の協力的な姿勢が確認できる好例と言える。

そして、イベントは協力という側面以外に競争という側面も持ち合わせている。各店舗の提供する商品がガイドブックに掲載され、参加者はそれをもとに店舗を選ぶ。店舗側はイベント参加者に選ばれようという気持ちが働く。また、「いばらきバル」では利用者のアンケートによって店舗のランキングを毎年発表している。このことによっても競争という側面が創出されている。

（2）利用者

「まちバル」には運営面のメリット、参加店舗に関するメリット以外に、利用者が得られるメリットもあると考えられる。

a　発見

飲食店は駅周辺に立地していることが多い。そして、「いばらきバル」は茨木市の市中心部に位置する阪急茨木市駅とJR茨木駅の周辺にある店舗が多数である。駅周辺となると普段どの駅を利用するかで店舗の利用場所も偏ることが考えられる。「まちバル」は回遊性向上が目的の1つとなっているイベントである。すなわち、提供されている商品が掲載されているガイドブックがあり、場所だけではなく内容で店舗を選ぶことができることで、普段利用しないエリアに足を延ばすきっかけになる。こういった点が利用者に新たな店舗および地域の魅力発見を促すことにつながっている。

加えて、2023年の「いばらきバル」でコラボイベントとして実施された追手

謎ラリー

バルエリアに4つの謎が登場！楽しみながらバルエリアをまわろう！

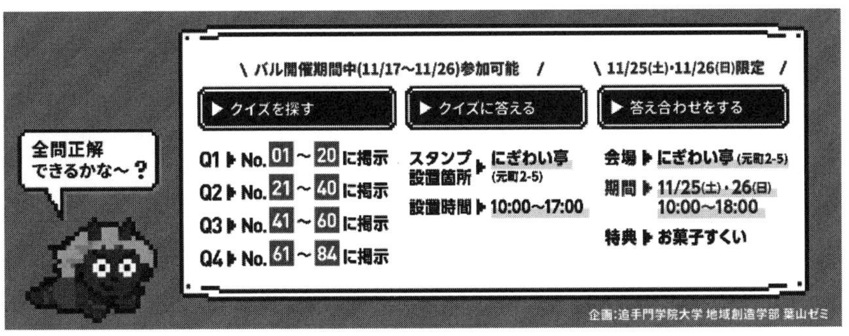

追手門学院大学の学生企画イベント！バルエリアに４つのクイズが登場！「にぎわい亭」で答えのスタンプを押してイラストを完成させれば、対象期間に正解数に応じてお菓子すくいに挑戦できます！ バルを楽しみながらクイズに挑戦しよう～！

図6－4　コラボイベントとして実施された「謎ラリー」

出所）バルフェスタいばらきHP。

門学院大学の学生企画「謎ラリー」(図6-4) も紹介しておきたい。これはスタンプラリーと謎解きを組み合わせた取り組みである。謎解きは4問作成され、ガイドブックに掲載されている店舗の番号で01～20、21～40、41～60、61～84というように問題を掲載する場所が分けられている。番号は場所が近いほど数字も近く、場所が遠ければ数字は離れるように割り振られているため、4問すべての問題解くためには異なったエリアに足を運ぶ必要が出てくる。このように異なった場所を訪れるきっかけ作りとしておこなわれた企画により新たな発見を促す取り組みである。

b 交流

函館の「バル街」はサントリー地域文化賞の紹介として「食べ歩きを通じた街角での社交を創出」というように記載されており、「まちバル」には交流の場としても機能していると考えられる。「いばらきバル」についても、利用者間の交流が創出されている機会となっている。また、先述の発見は利用者と店舗との新たな出会いとなるため、これも1つの交流であると言える。また、先述している「あい席バル」のように出会いを目的とした交流イベントも開かれている。様々な形で交流機会があるのも「まちバル」の良い点である。

(3) シビックプライド (店舗・参加者)

シビックプライドとは「地域に対する市民の誇り」ということを意味する言葉である。多くの人々が仕事の集中する都市部およびその周辺のベッドタウンへと移り住むようになった今日、昔から地域にあった郷土愛や地域に対する愛着を形成するような機会が減少してきている。「まちバル」は先述しているように、イベントを通じて起こる協力や発見、交流といったことがメリットである。「まちバル」の開催が地域住民の関係・関心を高める新たな機会となり、地域のイベントに積極的に関わろうとする地域の店舗 (事業者) や参加者がいることでシビックプライドの醸成につながる取り組みとなっている。

4．「まちバル」によるガストロノミー資源の価値向上

本論では「まちバル」の良さをどのような地域環境であっても地域における既存の食資源のハードとソフトを組み合わせ、価値を向上させられるところにあると考えている。ハードは地域で生産される一次産品や加工品、飲食店などのことで、ソフトはハードを利用する取り組みのことである。これまでの食による地域活性化には地域の食材を活かした取り組み（推進組織）や、新たに（または臨時で）施設を設置しておこなうものが多い。農山漁村地域では食材となる一次産品が豊富あり、その資源が活用できるが、都市では食材が豊富にない地域も多い。また、新たに施設を設置するには費用や場所の確保といった問題があり、これも実施できる地域を選ぶ取り組みと言える。「まちバル」は既存の飲食店（など）を巡るイベントである。ここまでで事例として紹介した北摂茨木の「いばらきバル」では、人口が多いことから飲食店が多く存在する地域だ。それは、参加店舗数の多さからも分かる。地域食（ガストロノミー）資源のソフトとしていばらきバルフェスタ協会が推進組織として尽力され、ハードとして茨木にある既存の食資源をうまく生かしているからこそ、12年間（2023年時点）も継続して実施できている素晴らしいイベントであると言える。

注

1）一般的には串に（が）刺さっている料理である。
2）文中では制約という表現のほか、「フォーカス」という表現が用いられている。

参考文献

石原肇（2021）「近畿地方におけるバルイベント実行委員会事務局の担い手に関する一考察」『近畿大学総合社会学部紀要』9（2）。
小泉日和・横関隆登（2020）「「食べ歩き」の概念およびその二分化の生成要因」『観光研

究』31（2）。
いばらきバルフェスタ協会「いばらきバル公式ガイドブック」2023年。
角谷嘉則（2016）「「函館西部地区「バル街」」から「伊丹まちなかバル」への情報提供とその経路」『流通研究』19（1）。
葉山幹恭（2022）「MICE 観光におけるまちバル方式採用の有効性――サン・セバスチャンにおける実施事例からの考察――」『第37回日本観光研究学会全国大会学術論文集』。
――――（2023）「まちバルの事業モデルと地域環境への適応――バルフェスタいばらきの事例を中心に――」『追手門学院大学ベンチャービジネス・レビュー』15。
――――（2023）「まちバルの展開と地域および運営事業者との親和性――鹿児島「バル街」の事例から――」『日本フードツーリズム学会誌』２。
ミラー，パディ／トーマス・ウェデル＝ウェデルスボルグ（2014）『イノベーションは日々の仕事のなかに――価値ある変化のしかけ方』英治出版。
村上喜郁（2023）「地域振興における食資源の体系的整理」『日本フードツーリズム学会誌』２。
伊丹まちなかバル HP https://itamibar.com/（2023年11月24日閲覧）
函館西部地区「バル街」HP https://www.bar-gai.com/（2023年11月24日閲覧）
バルフェスタいばらき HP http://barfestaibaraki.com/（2023年11月24日閲覧）

（葉山幹恭）

第7章 博物館のガストロノミー

（池田・吹田）

1．食資源と博物館

（1）食資源と観光

日本各地を俯瞰すると、「地方創生」をはじめ地域振興政策の一環として、観光に取り組む地域を多く見受ける。この背景には、定住人口の縮小が今後進む中、交流人口の受け入れにより地域振興を図るためである。観光振興の方策として、多くの人々の身近な存在である「食」に着目し活動を展開する地域が増えている。日本経済新聞は、各地で取り組まれている「食」を活用した地域振興を俯瞰し、①「元祖」、②「集積」、③「独自性」、が、食資源を活用した地域振興の視座としている[1)]。観光と食の関係は、「フードツーリズム」、「ガストロノミーツーリズム」といったキーワードを基に研究が進められている。尾家は「ガストロノミーは『食べ物を選択し調理する学問や技術』という意味である」（尾家 2013: 29）と述べ、食と個人や社会の関係を考察するものと指摘している。中子は「ガストロノミー・ツーリズムの概念は、特に地域の文化や固有性に強く結びつき、生産（物）、調理、消費が個別に存在するのではなく、一定の地域の中で連鎖し、特定のイメージを表出し、旅行者に新たな文化体験を提供する」(中子 2017: 187) と述べ、新しい価値と文化を創造するものであるとしている。

このように、ガストロノミーツーリズムは、食資源の活用方策として、地域の食文化、食材の生産から調理までのプロセスを体験する観光形態である。こうした研究は、食資源の生産や加工、消費過程を多角的な活用の可能性に着目したものである。食資源は、食べ物の生産から加工・消費に至る歴史や調理方法など、人が食べるまでの過程が構成要素として挙げられる。

「食資源」の１つ郷土料理について農林水産省は、「全国各地の農山漁村で受け継がれてきた食文化の代表であり、それぞれの地域の風土や歴史の中で個性を生かしながら創意工夫され、その美味しさのみならず、それぞれの地域の誇りとともに育まれてきました[2)]」と述べている。ただし、人々の生活水準が豊かになった今日、一人ひとりの食生活が多様化している。また、生産・加工の技術進歩により、長期保存や広域的な流通可能な食資源も出てきた。つまり、食資源は、生産地域から離れたような場所で消費することが可能となった。

それゆえ、食資源を活用した観光振興を展開するのであるならば、食資源の生産過程や地域性との結びつきを観光客へのコンテンツとして創造することが求められる。また、食資源の生産過程を観光コンテンツとする取り組みは、産業観光の一環として捉えることができる。須田は、「『産業観光』とは歴史的文化的価値のある産業文化財 (古い機械器具、工場以降等のいわゆる産業遺産)、生産現場 (工場、工房。農・漁場等)、産業製品を観光対象 (資源) として人的交流を促進する活動」(須田 2015: 8) と定義し、ものづくりである産業を観光対象として捉えるものと説明している。

ただし、食資源を生産する企業の中には、大規模な工場を整備し大量生産している場合がある。こうした大量生産される食資源は、生産過程と消費者や地域との関わりが見えにくい。このような企業では、製造工場見学や生産過程の説明といった観光コンテンツを創造する取り組みが散見される。

（２）観光対象と食資源

多くの観光客が、観光の目的、楽しみとして「食べること」を挙げる割合が高い。財団法人日本交通公社による「旅行者動向」の各年を俯瞰すると、「行ってみたい旅行タイプ」として、「グルメ」（おいしいものを食べる旅行）は、毎年多くの人々が支持されている。過去５年間では、2017年を除き、毎年３位以内に「グルメ」（おいしいものを食べる旅行）が入っている。毎年多くの人々から支持されていることが分かる。また、「自然観光」（自然や景勝地を見てまわる観光旅行）や「歴史・文化観光」（歴史や文化的な名所を見てまわる観光旅行）もグルメと並んでほぼ上位にいる。地域における食資源は、観光客の行動目的となりうる。観光客の様々な体験・活動の対象として「食」は、多くの人々の楽しみとすることの１つであり、観光行動の目的となりうるものである。

訪日外国人観光客も日本人と同様に、食事に対する期待は大きいことから、食事が観光目的の一部と言えよう。岩崎(2019)は、全国の消費者に対して、「観光地＋『　　』＝満足」の『　　』の空欄部分に思い浮かぶ単語を自由に入れてもらったところ、最も多い単語が「おいしい」であること、上位にある10個の単語のうち「食事」、「グルメ」、「料理・ごはん」、「食べ物」と食に関する単語であるという調査結果（岩崎 2019: 144-145）から、食は、観光客を呼び込む重要な素材であることを指摘している。

食資源などを含め、様々なモノの生産過程を観光コンテンツとする「産業観光」の需要は、次のとおりである。公益財団法人日本交通公社が発行する『旅行年報』(2022年発行）では、様々な旅行タイプの選択肢の中に、「産業観光」を工場見学やものづくり現場の見学・体験を楽しむ旅行」として調査をしている。2021年の旅行動向で産業観光は、全体の0.6％であった（公益財団法人日本交通公社 2022: 27)。コロナ禍でもありながらも、前年、全前年の推移も大きな変動はない。続いて、今後１～２年の間に行ってみたい旅行タイプとして産業観光は、２％であり、他の旅行タイプと比較して低いことが分かる（公益財団法人日本交通公社 2022: 42)。産業観光推進会議が2012年に実施した調査では、産業観光の認知度が4割程度であるという結果を発表している（産業観光推進会議 2014: 51）。産業観光に参加経験がある観光客に対して、参加した種類・内容という質問では、「酒・飲料、菓子などの工場・工房」が51.8%であった（産業観光推進会議 2014: 63）。今後、参加したい産業観光の種類・内容について質問では、「酒・飲料、菓子などの工場・工房」が72.1%であった（産業観光推進会議 2014: 57）。他の種類と比較しても「食」をキーワードとした場合、多くの人が支持している。産業観光の様々なテーマの中から「食」に関連するものは、多く人々が興味関心を持ち、参加経験を有する。つまり、「食」は、産業観光という枠組みも含めて、広く観光の目的・テーマとしても、有効と言えよう。

上記の『旅行年報』と産業観光に関する調査では、調査方法や時期が大きく異なる。それにもかかわらず「食」は、観光対象のキーワードとしての有効性を示すものと言えよう。

（3）観光の充足感と食資源

食資源の観光体験から得られる効用について整理検討を試みる。これは、食べることに加えて、その歴史や調理・提供過程など、消費に至るまでの幅広い範囲の体験から充足感が構成される。まずは、「食資源」を食べることから得られる「おいしさ」について整理する。伏木（2008）は、食の美味しさについて、①「生理的な欲求が満たされるおいしさ」、②「食文化に合致したおいしさ」、③「情報がリードするおいしさ」、④「病みつきになる特定の食材が脳の褒章系を刺激する」の4つを挙げている。おいしさは、食資源を食べる過程から得られる充足感でもある。伏木（2008）の観点と観光との関係を検討すると以下のように整理することができる。まず、①「生理的な欲求がみたされるおいしさ」は、生きるために必要な食べ物を美味しく感じる感覚である。観光客の食事は、生物である人間は非日常時でも欠かせない活動の一環である。②「食文化に合致したおいしさ」は、人間や民族の文化の上に発展してきた食の歴史と志向に合致するものは、安心が感じられる。観光客は、訪問地の文化圏における食材や調理方法等を消費することで体験し、日常の食資源と比較して効用を得ることである。③「情報がリードするおいしさ」は、使用されている食材や飲食店の特徴、インターネットの口コミ評価など味覚以外で感覚的に得られる情報である。人間は高度なコミュニケーションが可能であり、飲食の前にも様々な情報を得ることができる。この食前の情報が先入観となり、喫食者のおいしいという判断を牽引するのである。④「病みつきになる特定の食材が脳の報酬系を刺激する」は、その観光地に訪問したら必然的に食べたくなるものがあげられる。継続的に訪問する地域では、そこでしか食べられないご当地グルメがあげられる。伏木（2008）の整理では、①と②は食資源を消費する前、③と④は食資源を消費した後、である。それゆえ、食資源から得られる効用であるおいしさは、その消費過程から形成されるものであると言えよう。こうした伏木（2008）の「おいしさ」に関する整理を補い、食資源の生産過程や歴史などを観光対象とすることで、より充足感を高めるものとなる。

須田は「観光資源とは『観光の対象、観光行動の目的となるあらゆるもの』」（須田 2003: 34）と定義し、「観光資源からフィードバックされる観光効果を総合して観光者は観光による満足感、充足感を得ることができる」（須田 2003: 51）と述べている。この観光資源から得られる効果として、視覚効果（見ることによる効果）（須田 2003: 50）、知的効果（知ることによる効果）（須田 2003: 51）、体感（体験）効果（感覚に訴える効果）（須田 2003: 51）、味覚効果（食べた味の効果）（須田 2003: 51）、聴覚効果（聞くことによる効果）（須田 2003: 51）を挙げている。槻本は「観光とは『観光欲望の充足を目的とした日常空間の一時的・自発的転換行動』だと定義することができる」（槻本 2006: 43）と述べ、人々が日常空間を離れて欲望（観光欲望）を充足させる活動であるとしている。今村は、「観光とは、生活過程における『非日常的な現象』である」と述べ（今村 2007: 322）、人々の生活の中にある非日常的経験・体験であるとしている。人々が観光体験から得る充足感は、観光対象の体験・経験の過程から得ていると言えよう。

人々の楽しみについてM.チクセントミハイは「楽しいことがらは、単に期待が満たされたり、欲求や欲望が充足されたりするだけではなく、そうするようにプログラムされたことを超え、予期しなかったこと、おそらくは事前には想像さえしなかったことを達成した時に生じる」(チクセントミハイ 1996: 39) と述べ、新規な感覚や達成感覚といった特徴にあげている。空閑は、人々が楽しいと感じている時は「『わくわく』や『どきどき』もしくは『感動』や『充実感』などがあげられるであろう」(空閑 2008: 282) と述べ、楽しさの仕組みを創造し支えるものをアミューズメントと指摘している。このように観光の充足感、楽しさ、に関する議論を踏まえると、須田 (2003) が述べる観光対象から得られる効果が組み合わさることにより、満足度を高めるものとなる。

(4) 食資源の観光活用と博物館

食資源を観光対象とした時、その観光行動から得られる充足感は、食したときの感覚である「おいしさ」に加え、消費場所、生産・提供されるまでの背景など様々な要素から構成されている。ただし、食資源の中でもその生産過程を観光対象とする場合、観光客に対して何らかの楽しみを創造することも肝要となる。これは、食資源を生産している工場は、その製造が本来の目的であり、観光客を受け入れ拡大や充足感を高めていくには限界があるためである。ただし、食資源の生産過程の見学だけではなく、その一部を抽出し、何らかの演出を加える取り組みが観光客の効用を高めるために重要である。それにより、モノがつくられる過程を分かりやすく、楽しく観光客へ伝えるものとなる。実際の製造過程に演出を創出することは、知識や技術が無い観光客への理解を深めるためにも有効な取り組みである。つまり、地域の地域振興を展開するための拠点となる可能性を秘めている。

食資源の効用には、人々がそれを食するまでの歴史や調理・提供過程など、消費に至るまでの幅広い範囲が対象である。つまり、人々が「食」から得られる効用は、味覚的な側面だけではなく、「食」が開発から生産・加工などの体験や知的探求など広い範囲から構成されるものである。さらに、食資源の観光対象とて観光客の充足感を高めるためには、視覚、知的、体感、味覚、聴覚といった効果が連続的に組み合わさることにより実現できるものと言える。そして、開発や生産の過程を体験するには、その背景など様々な情報を知識として発信することが肝要となる。

知識に関する内容を体験コンテンツとして、観光客の充足感を高めるためには、様々な演出を創り出すことも肝要となる。こうした拠点としての機能を果たすものが博物館である。

以下では、食資源の充足感を高める拠点施設として、博物館に着目し、「カップヌードルミュージアム大阪池田」と「アサヒビール・ミュージアム（アサヒビール吹田工場）」を事例に検討をする。

2．兵庫県池田市の事例研究

（1）カップヌードルミュージアム大阪池田

インスタントラーメンは、日清食品株式会社の創業者である安藤百福氏が、池田市の自宅で発明・研究したことが発端である[3)]。安藤氏は、第二次世界大戦後に家事の合理化に着目し、1958年に世界初のインスタントラーメンである「チキンラーメン」を発明した。これは、日本をはじめ世界の食文化にも影響を与え、現在も様々なインスタントラーメンを商品の発売をし、世界中の人々とから親しまれている。こうした安藤氏の功績とインスタントラーメンの歴史を伝えていくことを目的に「カップヌードルミュージアム大阪池田」（正式名称：安藤百福発明記念館 大阪池田）は1999年に開業した。入館料が無料の企業博物館であり、管理・運営は日清食品株式会社ホールディングス関連団体である公益財団法人安藤スポーツ・食文化振興財団が実施している。

館内には、11カ所の展示・アトラクションが整備されている。これらは、食に関するもので観光客自身が体験できる展示である。「食べること」に関するだけではなく、観光客自身が体験するコンテンツである。安藤氏がインスタントラーメンを開発した時の様子やインスタントラーメンの歴代の商品パッケージが展示されている。

ラーメンの製造体験プログラムとして、①チキンラーメンファクトリー（要予約）と②マイカップヌードルファクトリー（予約不要）、といったラーメンの製造の体験プログラムが毎日催されている。

マイカップヌードルファクトリーは、年齢を問わず、カップを500円で購入することで参加できる（2023年8月現在）。カップは、「マイカップヌードルファクトリー」と書かれた反対側は、空欄となっている。この空欄の部分に、各々が好きなように、絵や文字などをマジックで書くものである。そして、スープ（4種類の中から1つ選択）と、具材（12種類の中から4つ選択）をトッピングする。このトッピングでは、目の前に具材が並び、スタッフとのやり取りがある。そして、目の前で数種類あるスープと具材のトッピング、包装されるまでの過程を見学しながら、世界に1つだけのオリジナル「カップヌードル」を作る体験である。

チキンラーメンファクトリーは、日清食品株式会社より市販されている「チキンラーメン」を手作りできる工房である。料金は、中学生以上が1,000円、小学生が600円（2023年8月現在）である。内容は、①小麦粉をこねてのばす、②蒸して味付ける、③「瞬間油熱乾燥法」で乾燥する、といった一連の過程を体験するものである。

この他にも、ラーメンに関する体験コンテンツが用意されている。「インスタントラーメン・トンネル」は、「チキンラーメン」から現代にいたるまで、800種類以上の歴代の商品パッケージを展示している。展示方法は、頭上におおいかぶさるトンネルのような迫力ある展示方法にしている。このような表現方法を用いることで、インスタントラーメンが発展していく様子を体感できるよう、試みている。過去に発売された商品パッケージも展示されており、一人ひとりで懐かしさなどを感じされるようにしている。

「安藤百福とインスタントラーメン物語」では、安藤百福氏の功績に着目した展示である。ここでは、インスタントラーメン発明の歴史から、ラーメンの開発にも関連する知的財の大切さを紹介している。このような紹介を実物や当時の写真をはじめ展示物に触って動かすといった体験ができるよう工夫している。扉の開閉を開閉させたり、壁面のハンドルを回転させたり、といった仕掛づくりにより、体験により得られる充足感を高めようとしている。また、世界初の宇宙食ラーメンであり、スペースシャトル「ディスカバリー号」に搭載された「スペース・ラム」を展示している。

また、館内で発売しているお土産物は、インスタントラーメンに加えて、販売促進にむけたキャラクターや関連グッズも発売していた。つまり、インスタントラーメンの販促に向けたキャラクターも、人々の食文化のイメージを形成するのに重要な要素と言える。このように「食」は、「インスタントラーメン発祥の地」である背景を知ることや体験など多岐に派生している。つまり、「食」は単に食べるだけでなく、その過程について興味関心を持つ人々がいるのである。

インスタントラーメンの発明過程は、NHK の連続テレビ小説『まんぷく』（2018年放送）で、再現された。安藤百福氏を支えた妻の生い立ちからみた内容である。NHK の放送期間では、館内にテレビの原作であることを紹介し、映像コンテンツの舞台を訪問する観光客に向けた対応も図った。

その内容は、安藤百福氏を支えた妻の生い立ちからみたものである。『まんぷく』の中では、池田市を舞台として設定した。昨今、映像舞台を訪れることで、作品の追体験からより効用を高めようとする観光客もおり、食と映像の組み合わせも有効である。

（2）ラーメンを活用した観光まちづくり

大阪府池田市は、「インスタントラーメン発祥の地」であることを活かし、「観光まちづくり」の一環とも言える取り組みを展開している。ただし、安藤氏の自宅でインスタントラーメンの発明・研究に取り組んだこと以外、池田市外での事業展開である。それでも池田市は、安藤百福氏が池田市に在住しラーメンの研究・発明したことを、地域のアイデンティティとして今日に活かしていこうとしている。例えば、池田市の歴史文化基本構想に係る市民等アンケート(2017年実施) では、第3位に「インスタントラーメンの発明」(40票) であった[4)]。また、池田市の観光大使にチキンラーメンのキャラクターである「ひよこちゃん」を任命した。その際、「チキンラーメン」の誕生日である8月25日に任命するなど、インスタントラーメン誕生の史実に基づく設定をした。また、「ひよこちゃん」と池田市にある猪名川や五月山などの自然を描いたマンホールを製作し、「カップヌードルミュージアム大阪池田」前に設置している。これは、池田市制施行80周年と「マンホールサミット」が池田市で開催されることを記念したものである。つまり、チキンラーメンのキャラクターであるひよこちゃんは、販売促進を目的としているが、池田市に定着しているキャラクターにもなっている。以下では、池田市におけるチキンラーメンを活用した取り組みについて検討する。

a　大阪池田チキチキ探検隊

池田市には、チキンラーメンを使用した創作料理を提供する飲食店が多い。創作料理の一例として、チキンラーメンを細かく砕きアイスクリームに振りかけるものや、チキンラーメンを唐揚げの衣の代わりに使用するなど、調理方法は多岐にわたる。

こうした創作料理は、各店舗が、独自に実施しているものであった。そして、その実態を取りまとめ、観光客や地域住民が一覧できるHPやパンフレットなどは存在しなかった。そのため、何も知らず訪れた多くの観光客が、池田市役所や観光案内所へ問い合わせていた。こうした状況を受け、大阪池田チキチキ探検隊を2014年4月に発足させ、チキンラーメンの創作料理を提供する店舗を取りまとめ、HPなどを通じて取りまとめた情報のPRを実施している。

大阪府池田市は、地域住民が「インスタントラーメンの発祥の地」であることに誇りを持ち、活動の原動力としている。先にも示したように、チキンラーメンを用いた創作料理を提供する飲食店が池田市には多い。また、チキンラーメンの販売促進のキャラクターであるひよこちゃんは、池田市の観光大使として任命されている。そして、カップヌードルミュージアム大阪池田では、チキンラーメンの発明者である安藤氏の功績やインスタントラーメンの歴史などを展示している。このように、「インスタントラーメンの発祥の地」をキーワードに、地域住民と観光客の双方がその価値を共有するような取り組みが散見される。

b　ふるさと納税

池田市のふるさと納税では、日清食品株式会社のインスタントラーメンの詰め合わせを返礼品としていた。2018年度は、返礼品付きの寄付約7,300万円のうち約3,800万円がラーメン関連だった[5)]。しかし、総務省は、2019年4月に「区域内で創業した事業者が区域外で生産する即席麵」を認められない一例と明記し、返礼品を地場産品に限るという方針を示した。これを受けて、6月に池田市のふるさと納税の返礼品から日清食品株式会社の関連商品を削除した。それにより、2019年6月から8月の間の寄付額は前年と比較して56％減と半分以下に減少した。これを受け、地域住民らは、「チキンラーメンが池田市で誕生したことは事実であり、池田市民の『誇り』」といった内容の請願書を池田市議会に提出した。これは、池田市議会で、全会一致で採択された。また、6,000通もの署名も集めるなど、住民からの活動も見られた。こうしたことから、「インスタントラーメン発祥の地」であることが、地域住民の誇りとなっていることをうかがわせる。このようなことから、食資源であるインスタントラーメンは、池田市における観光まちづくりの展開に欠かせない地域資源なのである。そして、インスタントラーメンの生産から消費までのストーリーや地域との関わりといった要素を利用することは、地域住民と観光客の双方における満足度を高めていくものとなっている。

最後に、日清食品株式会社のラーメンの製造は、池田市外の工場で製造されている。それにもかかわらず池田市の食資源としてインスタントラーメンは、単に人々の口に入る際の味覚的な感覚だけではなく、創作料理の開発・提供、インスタントラーメンが誕生した背景や製造の体験、販促のキャラクターや関連グッズの販売など、幅広い観点から活用されていた。

3．大阪府吹田市の事例研究

（1）アサヒビール・ミュージアム（アサヒビール吹田工場）

アサヒ飲料株式会社が製造・販売するアサヒビールの起源は、1889年に創設された「大阪麦酒会社」である。そして、1891年に大阪府吹田市のJR吹田駅に隣接する敷地に有限責任大阪麥酒会社吹田村醸造所として竣工した。吹田は、良質な水の確保できる環境、交通の要地であることがビール工場建設用地選定に大きく関与した理由と言われている。「アサヒビールの発祥の地」である吹田工場（敷地面積約146,000㎡）は、2023年現在もビール製造を続けている。また、吹田工場には、「アサヒビール・ミュージアム」を併設している。

「アサヒビール・ミュージアム」は、操業当初から現在に至るまでの歴史や関連する写真展示、モニュメントとして保存している建物の一部を見学できる施設である。ギフトショップも併設されており、ノベルティグッズやビール酵母を使用した食品など、アサヒビールに関連する商品を販売している。そして、工場見学を予約申し込むことで、案内係による解説を受けながら、ビールの原料の仕込み、発酵・熟成、缶詰め製造ライン、出荷工程、廃棄物再資源化の展示、ビールの試飲、といった内容の見学コースを体験するものである。この見学コースは、1グループ約20人で約90分かけておこなわれる。予約は、先着順であり、WEB、もしくは、電話で訪問前におこなう必要がある。また、先述した工場見学とは別に、工場敷地内で様々なイベントを実施している。

「アサヒビール・ミュージアム」は、2023年1月14日より付加価値が高い体験コンテンツの提供を目的に有料化した。この際に、見学コースのリニューアルを実施した。参加費は、20歳以上が1,000円（障がい者：500円）、小学生以上が300円（障がい者：150円）である。参加費のうち10%を吹田市の地域振興策に活用してもらうことを目的に寄付を開始した。これにより、工場施設がある吹田市との地域共生の取り組み強化を試みようとしている。また、有料化以降、ミュージアムでの体験を思い出のお土産として、ミュージアム限定のロゴ入りビールグラスを記念品として提供を開始した。

アルコール飲料であるビールは、20歳以上が消費者としての対象である。それでも工場見学そのものは、未満でも入場することができる。筆者の訪問時には、20歳未満の子どもを連れた家族層の見学する様子を確認することができた。その子どもは、ビールの製造過程の見学そのものを楽しんでいるようであった。それゆえ、ビールの飲酒だけでなく、その過程が、楽しみを創造する重要な要素であると言える。だたし、アルコールを目的としたツアーの為、20歳未満の参加者は、単独でのツアー参加やイベントでの参加、など一部制限がある。

（2）アサヒビール・ミュージアムの体験型工場見学

「アサヒビール・ミュージアム」で実施している工場見学の中でも、体験や演出に着目して述べる。これらは、筆者の2023年6月25日訪問時の状況に基づく内容である。

最初に、ビールの原材料となる麦芽の展示がある。この展示は、実際に使用されている麦を手に取って、その麦の匂いを体験することができる。

次に、ビールの製造工程の「発酵」を酵母に着目し体験できるコーナーがある。ここは、仮想現実技術（以下、VR）を使用して、酵母の目線から発酵タンクの中で起こっている様子を演出している。つまり、ビールの味の決め手となる重要な過程をVRの使用することで、充実的に理解するツールとなる。最後に、ビールの充填工程が体験するコーナーもある。これは、スーパードライの缶の上に乗った目線から充填工程を解説している。4面スクリーンに投影された映像に「振動」、「風」、「ミスト」の機能と連動させた演出により、充填工程の速度や迫力を再現している。体感を深化させる臨場感を感じられるものとした。

このように、ビールの製造過程にある一部部分を抽出し演出することは、観光客の充足感を高めるものと言える。また、見学コースには、上記の体験コンテンツとあわせて、ビールを製造している様子も組み込まれている。

見学コース最後の体験は、吹田工場で製造されたできたてのビール試飲である。これは、「スーパードライ」や「アサヒ生ビール」(通称：マルエフ)、など、様々なビールを約30分の制限時間内に2杯まで試飲できる。試飲できるビールは、参加日により異なる。そして、20歳未満や車や自転車の運転者などの人々には、ソフトドリンクも用意している。

また、飲用の充足感をより高める体験コンテンツが用意されている。「サーブ体験」では、樽生ビールをサーバーから注ぐ体験ができる。「MY FLA-BAR」は、オリジナルドリンクづくりを体験・飲用できる国内初の自動サーバーである。これは、サーバーに専用グラスをセットし、4種類のフレーバーの配合やアルコール度数を自分自身で調整する、といった体験と飲用をする。「泡アート」では、「工場オリジナルキャラクター」をビールの泡に描く様子を見学することができる。このように、ビールを飲むことに加え、それに関連する過程が体験できるコンテンツが、充足感を高めるものとなっている。

このように、アサヒビール吹田工場の「アサヒビールミュージアム」は、食資源をテーマとした体験型の博物館と言えよう。見学時には、ビールの製造工程をはじめ、関連する歴史や取り組みを体験できるコンテンツとしている。これは、ビールを製造する過程の一部を抽出し、手に取るものから映像技術などの活用、飲用まで、五感を活用して体験するコンテンツとしている。こうした体験コンテンツは、年齢を問わず多くの人々が充足感を高めるものである。そして、製品を作り出すための過程だけではなく、工場見学専用のコンテンツを整備している。これには、アサヒビールファンの獲得を目指すものと捉えることもできる。

食資源は、企画、開発、生産、販売までの過程が、観光対象として活用可能であることを示唆している。この過程の一部分を抽出し、演出を加えた体験コンテンツとすることは、観光客の効用を高めるものとなる。最後に博物館は、食資源の観光活用における企業、観光客、地域を仲介する機能を有する地域振興に資する拠点とも言えよう。

注

１）『日本経済新聞』2002年２月４日付。
２）農林水産省HP（郷土料理百選パンフレット）https://www.maff.go.jp/j/nousin/kouryu/kyodo_ryouri/（2023年11月10日閲覧）
３）池田市観光協会HP https://www.ikedashi-kanko.jp/instantramen.html（2020年２月３日閲覧）
４）池田市HP「池田市歴史文化基本構想【改訂版】」city.ikeda.osaka.jp/kanko/kanko/1527825934958.html
　お気に入りの歴史文化遺産の第１位は「愛宕火（がんがら火）」（50票）、第２位は「逸翁美術館」（46票）、第３位は「インスタントラーメンの発明」（40票）
５）『朝日新聞』2019年９月26日付（返礼品チキンラーメン、ふるさと納税復活を　削除→寄付減、池田市議会が採択【大阪】）

参考文献

Csikszentmihalyi, Mihaly（1990）*FLOW: The Psychology of Optimal Experience*, Harper & Row（M. チクセントミハイ（1996）『フロー体験 喜びの現象学』今村浩明訳、世界思想社）。
今村元義（2007）「戦後のわが国における観光政策に関する一試論――地域・経済政策との関連で――」『群馬大学社会情報学部研究論集』14、pp.321-336。
岩崎邦彦（2019）『地域引力を生み出す観光ブランドの教科書』日本経済新聞出版。
尾家建生（2013）「ガストロノミーの現代的意義」『大阪観光大学紀要』（13）、pp.29-36。

空閑厚樹（2008）「〈楽しい〉を支える多様性――アミューズメントを論じることの現代的意味――」、村上和夫・河東田博・長田佳久編『たのしみを解剖する――アミューズメントの基礎理論――』現代書館、pp.282-293。

佐々木一成（2008）『観光振興と魅力あるまちづくり――地域ツーリズムの展望――』学芸出版社。

産業観光推進会議（2014）『産業観光の手法――企業と地域をどう活性化するか――』学芸出版社。

須田寛（2015）『産業観光　ものづくりの観光』交通新聞社。

関満博（2009）「ご当地ラーメンによるまちおこし」、関満博・古川一郎編著『「ご当地ラーメン」の地域ブランド戦略』新評論、pp.13-24。

槇本邦夫（2006）「観光行動における消費と欲望の構造――観光行動論 序説（1）――」『大阪明浄大学紀要』（6）、pp.43-53。

中子富貴子（2017）「現代ロシアにおけるガストロノミー・ツーリズムの動向」『神戸山手大学紀要』（19）、pp.185-197。

公益財団法人日本交通公社（2022）『旅行年報2022』。

安田亘宏（2013）『フードツーリズム論――食を活かした観光まちづくり――』古今書院。

（安本宗春）

第8章

フードフェスティバルのガストロノミー

（吹田）

1．フードフェスティバルとは

北摂地域の特徴として大小のフードフェスティバルが盛んに開催されていることが挙げられる。本章では、特に吹田市の万博記念公園で開催されるフードフェスティバルを対象として考察する。

山川（2012）はフードフェスティバルを、「『食』をメインテーマとするイベントで、食の生産者や製造者が、消費者との交流や情報発信をできる『食の祭典』」（p.197）と定義し、フードツーリズムの一類型として捉えている。歴史的には、例えば日本においてその年の収穫を神に感謝し、来年の豊穣を祈願する祭事である「新嘗祭（にいなめさい）」のように、農産物の収穫を祝う収穫祭などを起源として、時代ともに祭事から商業的な色合いをもつイベントへと変化していったと考えられる。

有名な世界のフードフェスティバルとして、ドイツのバイエルン州ミュンヘンで開催される「オクトーバーフェスト」がある。1810年の皇太子ルードヴィヒとザクセン皇女の結婚式をミュンヘン市民が祝った祭りを始まりとして、現在ではミュンヘン市内の6つの醸造会社が運営する14の巨大ビールテントを中心としたビールをテーマにしたフードフェスティバルになっている。世界中からおよそ600万人が訪れる世界最大規模のフードフェスティバルである。日本でも「オクトーバーフェスト」の名前を冠し、本家を模したイベントが各地で開催されている。他にも1993年から毎年メルボルンで開催される南半球最大規模のフードフェスティバである「メルボルン・フード&ワイン・フェスティバル」などがある。このイベントではメルボルン市内各地で100以上の食関連のイベントが開催される。

日本でも「全国菓子大博覧会」や「フードピア金沢」といったフードフェスティバルがある。「全国菓子大博覧会」は1911年から不定期に全国持ち回りで開催されている菓子をテーマにしたフードフェスティバルである。「フードピア金沢」は1985年から毎年開催されており、石川県の食文化とそれを育てた風土を満喫できるフードフェスティバルである。

大阪府内では、長居公園（大阪市東住吉区）の「ビーフフェス OSAKA」や京橋（大阪市城東区）の「FOOD SONIC」など様々なフードフェスティバルが開催されているが、その中でもフードフェスティバルの主要な開催地の1つが万博記念公園である。

2．万博記念公園のフードフェスティバルの特徴

（1）万博記念公園の概要

万博記念公園は、名前のとおり1970年に開催された日本万国博覧会（大阪万博）の跡地を整備した近代の都市公園である。大阪万博でつくられた太陽の塔をシンボルに、130万㎡の広大な土地に日本庭園や自然文化園、国立民族学博物館など様々な施設や庭園がある。近隣にはららぽーと EXPOCITY やパナソニックスタジアム吹田といった商業施設やスポーツ施設などが後に整備されて

いる。

最寄り駅は大阪モノレールの「万博記念公園駅」と「公園東口駅」で、JR大阪駅のある梅田からおよそ30分程度の距離である。また、名神高速道路と中国自動車道の高速道路が横を通り、吹田JCTが隣接する。このように公共交通や自動車でアクセスしやすい立地になっている。

（2）万博記念公園でのフードフェスティバル

表8-1は、万博記念公園の発行する「万博記念公園だより」などにもとづき2022年度から2023年度秋頃までに同地で開催されたフードフェスティバルをまとめたものである。これを見ると主に春と秋の時期に年間で6～7のフードフェスティバルが開催されていることが分かる。この表から万博記念公園でのフードフェスティバルの特徴として以下のことが指摘できる。

第一に、規模の大きいフードフェスティバルが開催されている。期間の面でみると、「第1回 SAKANA&JAPAN FESTIVAL 2022 in 万博記念公園」や「韓国チメクフェス in 大阪」などの3日間が最短で、その他は複数の週で開催されており「第8回 ラーメン EXPO 2022 in 万博公園」などは14日間もの長期間実施されている。多くのイベントが金曜日から土曜日や、土曜日から月曜日（振り替え休日の場合が多い）といったように週末を挟んで開催されており、平日を含めて1週間開催するというようなことはみられない。

次に出店者と来場者について見る。出店者の数も「カレーEXPO」の30店程度から、「ロハスフェスタ」で700店以上と多数の出店者が参加している。一方、来場者数も軒並み5万人を超えており「ロハスフェスタ」や「ラーメンEXPO」はおよそ15万人と10万人を超えている。

このように万博記念公園で開催されているフードフェスティバルは1日や2日といった短期のものではなく、比較的長期にわたって1日1万人を超えるような規模の大きいものであることが分かる。

第二に、様々な団体が主催しているということである。主催団体はメディア、

表8-1　万博記念公園のフードフェスティバル一覧（2022年4月～2023年10月）

	イベント名称	日程	主催	来場者数	出展者数	参加費
1	ロハスフェスタ万博2022春	2022年4月22～24日、4月29日～5月1日、5月3～5日	ロハスフェスタ実行委員会 （株）シティライフNEW			入場料500円
2	第9回 カレーEXPO in 万博公園	2022年5月7・8日、14・15日	（株）シティライフNEW	約6万5000人	34店舗	入場料無料 カレー・チケット制
3	第1回 SAKANA & JAPAN FESTIVAL 2022 in 万博記念公園	2022年5月27～29日	SAKANA & JAPAN PROJECT 推進協議会	約5万人	約40ブース	
4	第4回 チーズEXPO	2022年11月18～20日、23日	（株）シティライフNEW		約50店舗	入場料500円
5	ロハスフェスタ万博2022秋	2022年11月3～6日、11～13日	ロハスフェスタ実行委員会 （株）シティライフNEW	約15万人	全766店舗	
6	第8回 ラーメンEXPO 2022 in 万博公園	2022年12月2～4日、9～11日、16～18日、23～25日、29・30日	ラーメンEXPO2022実行委員会 （株）シティライフNEW	約15万人		
7	第2回 SAKANA & JAPAN FESTIVAL 2023 in 万博記念公園	2023年3月17～21日	SAKANA & JAPAN FESTIVAL 実行委員会	約7万人	約60ブース	入場料300円
8	第10回 カレーEXPO in 万博公園	2023年4月15・16日、22・23日	（株）シティライフNEW		33店舗	入場料無料 カレー・チケット制
9	ロハスフェスタ万博2023春	2023年4月28～30日、5月3～7日、13・14日	ロハスフェスタ実行委員会 （株）シティライフNEW			
10	韓国チメクフェス in 大阪	2023年4月29～30日	大韓民国文化体育観光部 駐大阪大韓民国総領事館 韓国観光公社			入場無料
11	あてパン～世界のパンとお酒の祭典～	2023年9月16～18日	あてパン実行委員会（andsons 合同会社）			入場無料
12	NEXT FOOD FES 2023	2023年10月6～9日、13～15日	NextFoodFes 実行委員会（FoodFes株式会社）			入場料500円

注）万博記念公園への入場料として大人260円、小中高生は80円が必要である。
出所）「万博記念公園だより」などにもとづき筆者作成。

イベント事業者、公的団体に大別される。メディアでは「カレーEXPO」などを主催している株式会社シティライフNEWで、もっとも頻繁にイベントを開催している。イベント事業者としては、「あてパン〜世界のパンとお酒の祭典〜」の主催者であるあてパン実行委員会の中心となっているandsons合同会社や、「NEXT FOOD FES 2023」を主催するNext FoodFes実行委員会の中心になっているFoodFes株式会社である。公的団体には「第２回SAKANA &JAPAN FESTIVAL 2023 in 万博記念公園」を主催するSAKANA&JAPAN FESTIVAL実行委員会や、「韓国チメクフェス in 大阪」を主催する大韓民国文化体育観光部・駐大阪大韓民国総領事館・韓国観光公社といった国や地方の行政団体、農協や漁協といった協同組合などが挙げられる。

３．開催主体別にみたフードフェスティバルの特徴

（１）メディア系：シティライフNEW「カレーEXPO」

株式会社シティライフNEW（以下、シティライフ）は、北摂地域の１つである大阪府摂津市にある。主な事業として、① 情報紙・書籍等の制作・編集・発行、② 地域活性のイベント主催・企画・運営・実施、③ Web関連企画、④ その他事業をおこなっている。同社は、もともと1986年に「街を元気に」という理念のもと現在の代表取締役である池谷綱記氏が地域情報誌『シティライフ』を創刊したことに端を発している。その後、1994年に「シティライフニュー」として法人化され、2007年に株式会社となっている[1]。

シティライフは2006年に「ロハスフェスタ万博」を開催以降、「ラーメンEXPO」や「カレーEXPO」などのフードフェスティバルを開催している。その中で、2023年に開催された「第10回カレーEXPO in 万博記念公園」を詳しくみてみる。

「第10回カレーEXPO in 万博記念公園」は、シティライフが主催・企画・

表８－２　第10回カレー EXPO in 万博公園の出店者一覧

地域	店舗	合計
北摂地域	SPICECURRY FANFARE、吾輩はスパイスである×麺屋女王蜂、カリガリカレー大阪、ロハスカフェ	4
北摂を除く大阪府	豚骨黒カレー MECHA、The Mesi-kutan?、インド料理 AMMY、SUNSUN KITCHEN、札幌スープカレー JACK、インド料理 GANGAji、きずりカレー、Zipangu Curry Café × 情熱うどん讃州、はぐ寧～だしとおばんざいと和カレー～、カリィ酒場エクソダス、SPICE×RAMEN ススス、グリル モトカラ、アンタレス食堂、スパイスカレーまるせ、まんねんカレー、アマゾネス・ブッチャー、BON'S、SPICE★CURRY43、サケトメシ、CANYON715、北新地玉饗、お出汁とスパイス 元祖エレクトロニカレー	22
大阪府以外	インド料理専門店クシュクシュ、SPICE GATE、ImmHouseCafe、レストラン ハングリーハングリー、スパイスカレーボマイェ、馬肉専門店 お田、サッポロ ジャガ カレー	7

出所）「第10回カレー EXPO in 万博公園」のサイトにもとづき筆者作成。

運営、在大阪スリランカ名誉総領事館が後援するイベントである。2023年４月15日（土）、16日（日）、22日（土）、23日（日）の４日間、万博記念公園の東の広場で開催されている。第９回スイーツ EXPO と第２回おいも EXPO が同時に開催されている。カレーがテーマとして選ばれた理由として、大阪がカレーライス日本発祥の地であることされていること、スパイスカレーが大阪で流行していたことなどがある。

このイベントではカレーに関わるおよそ30の店舗が出店している。**表８－２**は出店業者を地域別にまとめたものである。これをみると大阪府の事業者が26店舗、大阪府外が７店舗となっており、大阪府の中心となっていることが分かる。そのうち北摂地域の店舗は４店舗のみであり、決して多くはない。カレーという１つの料理をテーマに店舗が集められており、来場者の関心を高めることや、イベント中に複数のカレーを楽しむこと、リピートしてもらうことなどを考え、提供するカレーの種類の重複を避けたり、認知度などを考慮して店(品)揃えを決めていると考えられる。

このようにシティライフのイベントでは、カレーやラーメンなど大阪に関係し、料理として消費者の認知度も高く、供給側の外食業者も多い最大公約数のテーマのもとで、大阪市を中心とした大阪の事業者を中心に出店業者が集められている。

（2）イベント事業者：FoodFes 株式会社「NEXT FOOD FES」

FoodFes 株式会社（大阪府大阪市）は、稲垣一馬氏が近畿大学卒業後2021年に創業した会社で、コロナ禍で疲弊した関西と飲食業界を盛り上げることを目的としてイベント事業や学生活性化事業、地域活性化事業を主な事業としている[2)]。大阪天王寺公園「てんしば」で「KANSAI 食 FES 2022」や、神戸市メリケンパークで「KOBE NIGHT FES 2022」、泉大津市で「春の FoodFes in 泉大津」など関西圏を中心にフードフェスティバルなどのイベントを積極的に展開している。地域の大学生との連携した企画が多いことが同社の特徴として挙げられる。

FoodFes 株式会社が主催する「NEXT FOOD FES 2023」は、2023年10月6日（金）・7日（土）・8日（日）・9日（月）、13日（金）・14日（土）・15日（日）の7日間、万博記念公園の東の広場で開催されたフードフェスティバルである。「日本が誇る“食”の力を集結させ、離れてしまった食との距離を近づけたい。」という想いにもとづき、食を楽しむ中で感じた気づきが「明るい色の未来」を体感することにつながることを期待して企画されている。宇宙をテーマにしたメニューやブースを集めた宇宙食、健康と栄養に焦点を当てた食品を集めた栄養食、地元大阪の名物料理だけでなく北海道から沖縄まで各地域の名物料理を集めた郷土食、世界各地の料理を集めた世界食、次世代のフードを先取りする代替食、SNS 映えする料理やインフルエンサー提供料理を楽しめる映え食、便利で美味しい冷凍食や利用されている技術を紹介する冷凍食、「インフルエンサー万博」とコラボした話題食という8つのテーマでエリアごとに分かれ、約45のブースが出展している。

表8-3は大阪を含め各地域の名物料理を集めた郷土食エリアの出店業者を

表8－3　NEXT FOOD FES 2023の郷土食エリアの出店業者一覧

地域	店舗
大阪府大阪市	たこ焼き王国、上方ビール、日本酒 Freestyle、たこ焼きやしき、大分中津からあげ KARATTO
大阪府外	旅するミルクランド（北海道）、ふじやからあげ（大分県）、うるすら HOME（兵庫県）、想いっきり、沖縄（沖縄県）、KIRINCO KITCHEN（兵庫県）、松べこ屋（三重県）

注）所在地の分からない出店者は除いている。
出所）「NEXT FOOD FES 2023」公式サイトの情報などにもとづき筆者作成。

地域別にまとめたものである。これをみると大阪市の店舗を中心に、北海道、三重県、兵庫県、大分県、沖縄県と全国各地の外食事業者が出店している。その一方で、北摂地域の出店者は一件も含まれていない。他のエリアでは北摂地域の事業者が出店しているが、意識的に北摂地域の店舗を誘致しているわけではないことが分かる。

このようにFoodFes株式会社が中心となって開催された「NEXT FOOD FES」は、前項で取り上げた「カレーEXPO」や「ラーメンEXPO」などが非常に分かりやすいテーマであるのに対して、「次世代の食」という個性的なテーマが設定され、SNSやインフルエンサーなどをからめた趣向を凝らしたイベントになっている。同じくイベント事業者であるandsons合同会社が中心になって開催された「あてパン～世界のパンとお酒の祭典～」もパンを「あて」にお酒を楽しむという新しい食のスタイルを打ち出したものになっている。このようにイベント事業者を中心としたフードフェスティバルは、先鋭的なコンセプトにもとづいていることが特徴として指摘できる。

（3）行政・協同組合：SAKANA&JAPAN FESTIVAL 実行委員会「SAKANA&JAPAN FESTIVAL」

SAKANA&JAPAN FESTIVAL実行委員会は、全国漁業協同組合連合会と一般社団法人大日本水産会、産経新聞社を中心につくられたSAKANA & JA-

PAN PROJECT 推進協議会を母体とする組織である。同協議会は魚介類の消費量が減少し続けている現状を受け、日本の伝統的な魚食により関心を持ってもらうことを目的として結成されている[3)]。全国漁業協同組合連合会は漁業者の協同組合である魚業協同組合の全国組織、一般社団法人大日本水産会は水産業に関係する生産者、加工業者、流通業者、小売販売会社などで構成される業界団体である。これらの海産物に関わる公益性の高い組織と大手メディアの産経新聞が協力して設立されている。

SAKANA&JAPAN FESTIVAL 実行委員会が開催する SAKANA&JAPAN FESTIVAL（以下、魚ジャパンフェス）は、四方を海に囲まれた日本の大切な食文化であり、また、栄養豊富な魚食の活性化を目的に開催されている。

「第2回 SAKANA&JAPAN FESTIVAL 2023 in 万博記念公園」は、上記の目的に基づき、2023年3月17日（金）・18日（土）・19日（日）・20日（月）・21日（火・祝）の5日間万博記念公園のお祭り広場で開催された。水産庁が後援している。また、東日本大震災からの復興応援を目的とした「発見！ふくしまお魚まつり」（主催：発見！ふくしまお魚まつり実行委員会）も同時開催されている。

このイベントでは60を超える多数のブースが出展されている。出店業者を見ると、「KINKA Sushi Bar Izakaya」（東京都渋谷区）、「三次水産牡蠣養殖場」（石川県七尾市）、「梅乃宿酒造」（奈良県葛城市）、「ロックブックワークス」（静岡県焼津市）、「さば料理専門店 SABAR」（大阪府豊中市）、「北海道中標津しいたけ『想いの茸』」（北海道標津郡）、「漁師酒場 第八とんとこ丸」（東京都江戸川区）、「ココロ焦がれ」（京都府城陽市）、「食べ処かいか」（宮崎県宮崎市）などのように、酒なども含め魚食に関して有名産地や外食事業者が全国各地から集まっている。豊中市や高槻市といった北摂地域からの出店もあるが、特別北摂地域を重視しているとは考えられない。

「SAKANA&JAPAN FESTIVAL」は魚食への関心の喚起、魚介類の消費量の増加という社会的な課題への取り組みの一環であり、そのテーマに関連する全国各地の生産者や外食業者が集められている。これは韓国の観光部が主催となっている「韓国チメクフェス in 大阪」も同様であり、韓国式のフライドチキンとビール（メクチュ）を合わせて楽しむチメク（チキン＋メクチュ）という韓国の食文化の紹介を目的として韓国の食に関する企業や外食業者がブースやキッチンカーを出店している。このように公的団体が主催者の場合、社会的課題や文化の普及といったより公的な性格の強いテーマのもと、地域を限定せずそのテーマに関連する食材（一次産品）が集められている。

4．フードフェスティバル開催のための条件

本章では万博記念公園で開催されるフードフェスティバルを考察してきたが、総じて集客を目的とした大規模なフードフェスティバルであった。山川（2016）が牡蠣養殖の産地でおこなわれるフードフェスティバルである「かきまつり」について論じているが、地域の一次産品をテーマとしたフードフェスティバルはPRポイントが明確である一方で、その一次産品から離れることができず制約条件となる。それに対して、万博記念公園で開催されるフードフェスティバルはカレーやラーメンといった認知度の高い料理や、「次世代の食」というような先鋭的なコンセプトなどにもとづきテーマ設定されており、地域に由来するものではない。また、出店業者も必ずしも北摂地域にこだわって選ばれているわけではない。それゆえ、一次産品などの条件に左右されず、より自由にテーマを設定しイベントが開催されている。こうしたイベントが可能となる条件として以下の2点が指摘できる。

第一に、めぐまれた地理的条件である。万博記念公園は大阪市や京都市などの都市部から公共交通や自動車を使ってアクセスしやすく、広大な面積をほこる施設である。それゆえ、大都市の消費者をターゲットに、大規模な集客を見込むことができる。

第二に、その恵まれた条件を活かすことができる推進組織の存在である。大

規模なイベントを実施するためには、企画を立案し、出店者を集め、プロモーションをおこない、イベント当日のオペレーションを安全かつ円滑に進めるなど様々な能力が必要である。地域にネットワークと情報をもつ地域メディアや、イベント運営のノウハウをもつイベント事業者、広いネットワークをもつ公的団体など、立地のよさという資源を活かし大規模なイベントを開催できるだけの能力をもった開催主体としての推進組織の存在が不可欠である。

注

1）株式会社シティライフ NEW HP。
2）FoodFes 株式会社 HP。
3）SAKANA & JAPAN PROJECT 推進協議会 HP。

参考文献

山川雅行（2012）「フードフェスティバルとフードツーリズム――『食博覧会・大阪』を事例として――」『第27回日本観光研究学会全国大会学術論文集』、pp.197-200。

――――（2016）「シーフードフェスティバルによる『食材のブランド化』の課題――播磨灘地区『かきまつり』の事例――」『第31回日本観光研究学会全国大会学術論文集』、pp.33-36。

株式会社シティライフ NEW　会社案内 https://citylife-new.com/company/about/（2023年10月30日閲覧）

SAKANA & JAPAN PROJECT 推進協議会 https://37sakana.jp/index.html（2023年11月7日閲覧）

第10回カレー EXPO in 万博公園 https://curryexpo.com（2023年10月30日閲覧）

第2回 SAKANA&JAPAN FESTIVAL 2023 in 万博記念公園 https://37sakana.jp/sjfesosaka/index.html（2023年11月7日閲覧）

NEXT FOOD FES 2023 https://expo70park2023.next-foodfes.com（2023年11月10日閲覧）

FoodFes 株式会社 https://foodfes.jp（2023年11月10日閲覧）

（宮﨑崇将）

特別寄稿

「音楽フェス」と「食」と「まちづくり」（北摂広域）

筆者は、学部学生・大学院生時代に十三・キタ・ミナミのキャバレー・ダンスホール・ナイトクラブで6年間ほどバンドマン（今風に言えばミュージシャン？）をしていた。その後、研究者になるべく演奏活動を長らく中断していたが、阪神淡路大震災後の復興音楽イベントを機に活動を再開し、近年まで継続していた。ビッグバンド、ブルースバンド、スカバンドなどのメンバーの一員として数多くの音楽イベントに参加してきた。そうした経歴があるため、筆者には、音楽と食に関して原稿を執筆するようにとの要請があった。本稿では、自分が実際に出演したものも含め、北摂のいくつかの音楽フェスを題材に、その特徴や課題に触れながら、「食」や「まちづくり」との関わりについても述べてみたい。

題材として取り上げるのは、「高槻ジャズストリート」とその派生形である「富田ジャズストリート」、「茨木音楽祭」、「吹田ジャズ・ゴスペルライブ」、「茨木麦音フェスト」である。新型コロナウィルス感染症拡大のために近年中止になったり、規模を縮小したりしていたが、2023年はいずれも活気を取り戻している。

北摂には他にも、「高槻魂!!」、「Jazz Picnic in 猪名川」、「Big Band Jazz Festa in 茨木[1)]」、「IBARAKI JAZZ CLASSIC FESTIVAL」、「豊中まちなかクラシッ

ク」、「豊中音楽月間」、「Airport Jazz Festival」など、数多くの音楽フェス・音楽イベントがあるが、本稿では「食」や「まちづくり」との関係から上記のものに限定した。

1．音楽フェスの概要について

最初に、それぞれの音楽フェスの概要および特徴などについて紹介する。

（1）「高槻ジャズストリート」

今年で25回目の開催（中止の年も含む）となった「高槻ジャズストリート」は、1999年から開催されており（基本的にゴールデンウィークの5月3日・4日の2日間開催）、北摂の他の音楽フェスの範型ともなった北摂屈指の音楽フェスである。2023年は、無料周回バス「パラダイス号」を含め、公共施設（19箇所）、飲食店（26店舗）、その他の施設（14箇所）、合計60会場に、プロ・アマチュアを含めて792のグループ・個人が出演する非常に大規模なものとなっている[2)]。第1回の1999年には、会場数は10カ所、出演者数は50のグループ・個人であり、2008年には、会場数は47カ所（約25カ所が飲食店を含む店舗）、出演者数は613のグループ・個人であったことからしても、規模が非常に大きくなっていることが分かる。

「高槻ジャズストリート」は、このように開始から年を経るごとに規模が拡大し、2016年には大阪府から「地域観光資源」に認定されているが、2002年以降、開催2日間で10万人以上が来場するほどに肥大化している（2008年には15万人が来場したとされている）。当初は、JR 高槻駅・阪急高槻市駅周辺の中心市街地の範囲内に会場が設定されていた。実際、「高槻ジャズストリート」は、「高槻市中心市街地活性化基本計画」（2009年12月認定、第2期計画2017年6月認定）においても、「ジャズのまち発信拠点整備事業」、「音楽イベント『「高槻ジャズストリート」』を核としたブランド発信事業」として位置づけられていた。しかし、近年では、あくあぴあ芥川や神服神社、摂津峡Saalなど名神高速道路よりも北側の周辺地や、東海道新幹線の南側にまで会場範囲が拡大している。こうした規模拡大・範囲拡大の延長線上にあるのが、2019年に隣の駅（JR摂津富田駅・阪急電鉄富田駅）周辺で始まった「富田ジャズストリート」である。

イベントの暖簾分けとも言うべき「富田ジャズストリート」は、「高槻ジャズストリート」と同日開催であるため、また1駅という移動の容易さから、15カ所の会場でおこなわれた2023年度は、出演者数116のグループ・個人のうち、両方のジャズストリートで掛け持ち出演するグループ・個人がプロの演奏家を含めて27あった。距離の近さに加えて、開催日程を重ねることによって、ジャズストリートの面的な広がりと演奏者の演奏機会の拡大、また「富田ジャズストリート」の音楽的な質の一定の確保が可能となっている。

「高槻ジャズストリート」の会場が中心市街地から周辺部へ拡大していることや、「富田ジャズストリート」との距離の近さが分かるように、2023年の「高槻ジャズストリート」と「富田ジャズストリート」の会場マップを、**地図1**に示しておく[3)]。

「高槻ジャズストリート」という名称に関しては、場合によっては批判の対象となる可能性がある。というのは、ジャズストリートと銘打ってはいるが、ジャズは全体の6割程度であり、ボサノバ、ゴスペル、フュージョン、ブルース、ファンク、ラテン、ポップス、吹奏楽、和太鼓など、音楽ジャンルがあまりにも多様であるからである。

「高槻ジャズストリート」は、実行委員会方式で運営しているが、多くのボランティア・スタッフを募集し、実行委員とボランティア・スタッフとで企画・立案・準備・当日の運営に当たっている。全会場無料であるため運営資金で苦労をしているようであるが、オリジナルTシャツ（来場者向け・演奏者向け・企業PRタイプ）の販売（通信販売を含む）や飲食ブースによる収益のほか、寄付・募金、日本たばこ産業株式会社、阪急電鉄株式会社、マクセル株式会社、サンスター株式会社など59社のオフィシャルスポンサーによる支援などで賄ってい

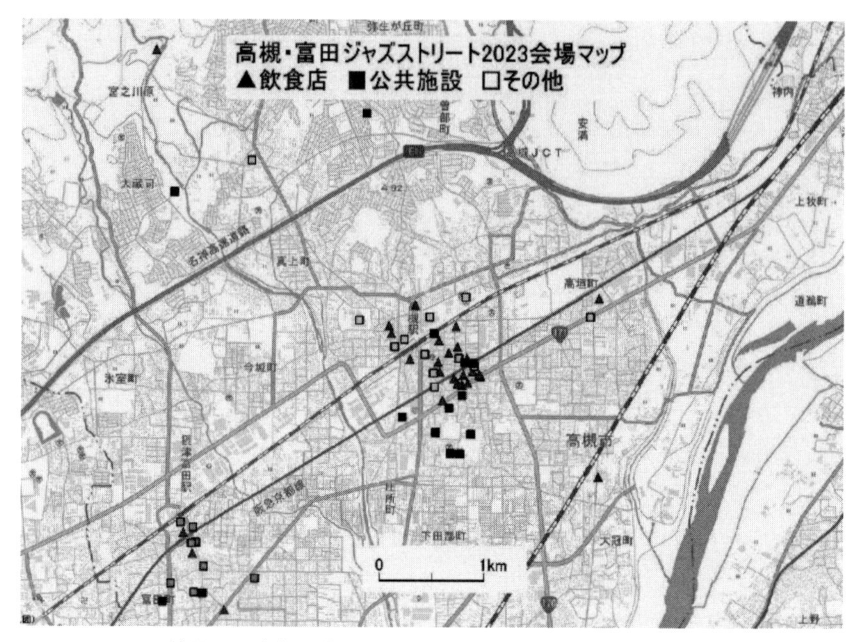

地図1　高槻・富田ジャズストリート2023 会場マップ

る。

超有名なプロミュージシャンを毎年ゲストに迎えたり、プロのジャズミュージシャンを審査員に迎えて開催されている「たかつきスクールJAZZコンテスト」(2010年から毎年1月に開催) で最優秀に選出されたスクールバンドに出場権を授与したりすることによって、演奏の質の確保を図る工夫をしている。とはいえ、アマチュアの演奏者の割合が多いイベントでは、出演者数が大きくなればなるほど演奏の質の確保が問題となる。「高槻ジャズストリート」では、メンバーの過半数が未出演のグループや未出演の個人に対してデモ音源審査を実施することによって一定の質を確保しようとしているが、審査を厳格にすればするほど出演できるグループや個人の数が減少するという問題もあり、なかなか厳格にしづらいところである。

また、「アートの森」や「フリーマーケット」などを同時開催するだけでなく、秋に開催される「たかつき食の文化祭」(ジャズとグルメフェア) や、「たかつきスクールJAZZコンテスト」「高槻JAZZ風景」「TAKATSUKI唄まきstatioN」など、他のイベントと連携することによって、点を線につなげ、音楽を通じた通年でのまちづくりを志向している。

「高槻ジャズストリート」は、(1) 実行委員会方式での運営、(2) ボランティアを募集しての企画・運営、(3) スポンサーによる支援、(4) オリジナルグッズの販売等による運営資金確保、(5) ライブハウス等の音楽交流拠点の活用・拡大、(6) 公共施設やその他施設の活用、(7) デモ音源審査による演奏の質の一定確保、(8) 他のイベントとの連携といった点で、北摂における後続の音楽フェスの範型とも言うべきものとなっている。

(2)「茨木音楽祭」

今年で15回目の開催(中止の年も含む)となった「茨木音楽祭」は、「高槻ジャズストリート」開催から10年後の2009年に、第1回目を開催している。「高槻ジャズストリート」の開催期間に連続する日程で2日間開催されている。2023年度は、公共施設等(5カ所)、飲食店(10店舗)、合計15会場にプロ・アマチュアを含めて167のグループおよび個人が出演している。「高槻ジャズストリート」および「富田ジャズストリート」と開催期間が連続しているが、両ジャズストリートとの掛け持ち出演のグループおよび個人は見られない。

「茨木音楽祭」は、(1) 実行委員会方式での運営、(2) ボランティアを募集しての企画・運営、(3) スポンサーによる支援、(4) オリジナルグッズの販売等による運営資金確保、(5)ライブハウス等の音楽交流拠点の活用、(6) 公共施設やその他施設の活用、(7) デモ音源審査による演奏の質の一定確保、(8) 他のイベントとの連携という点で、「高槻ジャズストリート」と共通点がある。また、「高槻ジャズストリート」と同様に「茨木音楽祭」も、「茨木市中心市街地活性化基本計画」(2019年12月認定) において「中心市街地への来街者の増加と賑わいの創出」を図る事業として位置づけられている。

ただし、協賛企業は2社（三島コーポレーションとサントリーホールディングス株式会社）にとどまっているし、オリジナルTシャツの販売は、2023年度は出演者限定となっている。また、中心市街地の範囲内には日常的にライブ演奏がおこなわれているライブハウスがそれほど多くなく、メイン会場は中央公園南北グラウンドとなっており、そこに飲食ブースが併設される形となっている。さらに、他のイベントとの連携に関しては、IBALAB@広場下（インターロッキング広場）でフリーマーケットが開催されているのみである。

（3）「吹田ジャズ・ゴスペルライブ」

「吹田ジャズ・ゴスペルライブ」は、「茨木音楽祭」と同じ2009年に第1回目を開催している。こちらも実行委員会方式で運営されており、JR吹田駅の周辺の会場で開催されている。2019年は公共施設等4カ所、飲食店6カ所の10会場で、プロ・アマチュアを含めて90のグループおよび個人が出演している[4)]。音楽フェスの規模としては決して大きくはないが、2019年には「秋の浜屋敷手作り市」「内本町コミュニティーセンター・オープンカフェ」「すいたアジアンフェア」「吹田にぎわいフリーマーケット＆伝統文化」「ワンコイン商店街」「吹田お笑いグランプリ」などから構成される「すいたオータムフェスタ」の連携イベントの1つとして開催されており、それぞれの実行委員会が連携することによって、「すいたオータムフェスタ」全体として駅周辺の賑わいの創出を目指している。

（4）「茨木麦音フェスト」

大阪府下初の総合ビール・イベントとして2012年よりスタートした「茨木麦音フェスト」（例年は9月開催）も、多数のボランティアの協力を得ながら実行委員会方式で運営されており、「茨木音楽祭」と同様に「茨木市中心市街地活性化基本計画」において、来街者の増加と賑わいの創出の事業として位置づけられている。メイン会場は中央公園南北グラウンドのみとなっており、2023年は、そこに茨木市内の24店舗のフードが楽しめる飲食ブースが併設され、近畿のみならず全国の30のブルワリーから100種類以上のクラフトビールが20のブースに集結する。質の高いプロのロックミュージシャン10組の演奏を聴きながら「音楽」と「クラフトビール」と「食」が堪能できるユニークなイベントとなっている。

とはいえ、問題がないわけではない。「茨木麦音フェスト実行委員会」は、協力企業の支援も受けながら、オリジナルのビアグラス・リユースプラカップ・Tシャツ・ステッカーの販売や前売りビールチケットの販売、クラウドファンディングなどによって運営資金を確保しているが、屋外のみの音楽フェスのため、開催準備のために事前に投入した資金が、悪天候や感染症拡大などの影響により無駄になる可能性があるというリスクを常に抱えている[5]。

2．音楽フェスと飲食店について

飲食店が音楽フェスに直接関わるのは、(1)演奏会場として関わるか、(2)飲食ブースへの出店という形で関わるかの何れかである。会場周辺のその他の飲食店は、来街者の飲食目的の立ち寄りという形で間接的に関わるだけである。ここでは、音楽フェスの会場と周辺飲食店の位置関係からどのようなことが述べられるかを考えてみたい。

（1）「高槻ジャズストリート」の場合

「高槻ジャズストリート」の会場は、中心市街地区域内に限定すれば、直線距離で600m強しか離れていないJR高槻駅と阪急高槻市駅の駅間および周辺に会場が密集している。それらの位置関係は、以下に示す**地図2**から分かるように、主として阪急高槻市駅から南および南西部に位置する公共施設10カ所、主として駅間および駅周辺に位置するその他施設9カ所、飲食店会場20店舗である。駅間および駅周辺に飲食店会場が多数設定されることによって、会場全体が面的に構成されている。

ところで、飲食店会場は演奏会場として来街者に飲食を提供する直接の機会があるが、問題は、店舗の形態・構造など諸要因のため演奏会場になれない周辺の飲食店に、来街者へ飲食を提供する機会が生まれるかどうかである。**地図2**に、会場周辺の飲食店（持ち帰り・宅配の飲食店を除く）の位置を示したものが

地図2　高槻ジャズストリート2023 中心市街地会場マップ

地図3　高槻ジャズストリート2023 会場・会場周辺飲食店マップ

地図3である。[6]

地図3を見れば分かるように、阪急高槻市駅から南および南西部に位置する公共施設周辺は別として、阪急高槻市駅の南(城北町)、JR 高槻駅と阪急高槻市駅間、JR 高槻駅の北(白梅町・芥川町)の区域は、会場(飲食店会場を含む)と周辺飲食店とが密集しており、会場間を回遊する来街者に周辺飲食店が飲食を提供する機会が十分あると推察される。

(2)「茨木音楽祭」の場合

地図4から分かるように、「茨木音楽祭」のメイン会場は、直線距離にして約1.3km離れているJR 茨木駅と阪急茨木市駅の中間あたりに位置する中央公園南北グラウンドであり、それ以外に4カ所の屋外会場(IBALAB@広場、JR 茨木駅のペデストリアンデッキ、阪急茨木市駅前のオープンスペース、阪急茨木本通商店街内

地図４　茨木音楽祭2023 会場・会場周辺飲食店マップ

のにぎわい亭）があるが位置的に離れている。飲食店会場は、阪急茨木市駅周辺に位置している。39カ所の会場が中心市街化区域内の狭い範囲に密集している「高槻ジャズストリート」と比べると、15カ所の会場が比較的広い範囲内に点在していると言わざるを得ない。

地図４から分かるように、会場以外の周辺飲食店（持ち帰り・宅配の飲食店を除く）は、阪急茨木市駅周辺（東側・北側・阪急茨木本通商店街周辺）とJR茨木駅周辺に集中している。これらの飲食店が集中している区域内にオープンスペースなどを活用した屋外会場がもう少したくさんあれば、また飲食店会場がもう少したくさんあれば、周辺飲食店での来街者の飲食機会が生まれると思われるが、屋外会場が東西と中央（メイン会場）のほぼ３カ所に分散している現状では、かなり厳しいと言わざるをえない。飲食店集中区域内のオープンスペースを活用した屋外会場に関しては、音に関する苦情やごみの問題などがあり、周辺住民や周辺店舗との関係から難しい点もあるが、飲食店集中区域内の屋外会場の数を増やすことが今後の課題であろう。

（3）「吹田ジャズ・ゴスペルライブ」の場合

地図5から分かるように、「吹田ジャズ・ゴスペルライブ」の会場は、おおむね（1）JR吹田駅周辺（北側に位置する「メロード吹田」、南側に位置する「さんくす夢広場」）と、（2）駅南のロータリーから600mほど離れた「吹田市立内本町コミュニティセンター」および「高浜神社」周辺の南北2カ所に分かれている（少し離れた飲食店会場も存在するが）。周辺の飲食店は、駅南ロータリーから内本町コミュニティセンターに向かう道路沿い（朝日町と元町）周辺に集中しているが、その区域内に飲食店会場が存在していないため、回遊性が十分確保されていないように思われる。飲食店が集中しているこの区域に、今後、飲食店会場

地図5 吹田ジャズゴスペルライブ2019 会場・会場周辺飲食店マップ

が数カ所設定できれば、会場全体を面的に構成することができ、来街者の回遊性が高まり、周辺飲食店の来街者への飲食提供機会が大きくなると思われる。期待したいところである。

（4）「茨木麦音フェスト」の場合

「茨木麦音フェスト」の会場は中央公園南北グラウンドのみであり、音楽ジャンルをロックミュージックに限定し、「クラフトビール」のみに焦点を当て、「食」は「茨木ソウルフード」（＝茨木の名店が提供する、ビールにベストマッチするフード）に限定している点において、「茨木麦音フェスト」は、これまで取り上げてきた音楽フェスとは趣がまったく異なっている。来場者は、会場内の飲食ブースで、全国各地のクラフトビールと「茨木ソウルフード」を堪能するが、そこに

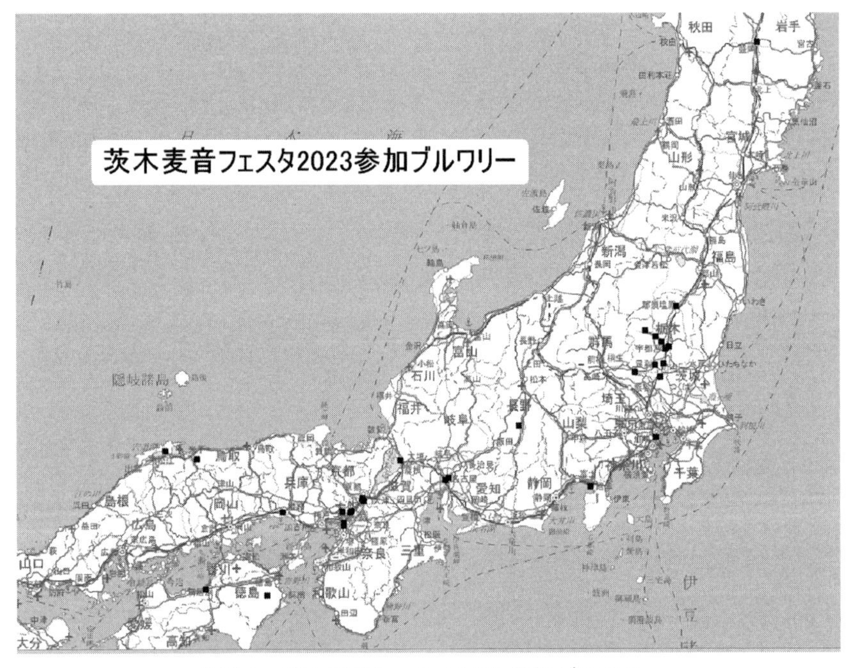

地図6　茨木麦音フェスタ2023 参加ブルワリー

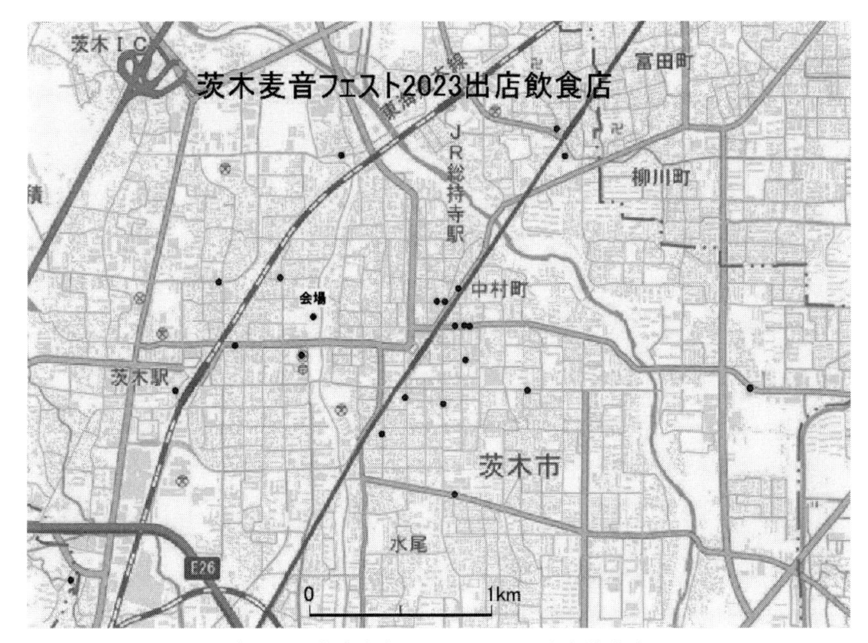

地図７　茨木麦音フェスト2023 出店飲食店

は、全国各地のクラフトビールとともに地元茨木の名店を来場者に紹介するという意図が看取できる。というのは、近隣のブルワリーだけでなく北は東北地方、西は中国・四国地方のブルワリーのクラフトビールを会場に集結させており、飲食ブースも、どちらかというと会場周辺というよりは、むしろ茨木市の中心市街地の区域外で活躍している飲食店を会場に集結させているからである。他の音楽フェスのように、会場周辺を回遊することによって来場者が会場周辺飲食店で飲食する機会を創出するというのではなく、中心市街地区域外の飲食店を紹介しつつ、そこへの来店動機を創出するという意図がここには隠されているように筆者には思われる（地図６・７参照）。

3．音楽フェスとまちづくり

最後に、「音楽によるまちづくり」について思うところを少し述べてみたい。「高槻ジャズストリート」も「茨木音楽祭」も、それぞれの市の「中心市街地活性化基本計画」の中に位置づけられていることについては既に述べたが、「音楽によるまちづくり」とは何かを考えるために、もう少し詳しく述べてみたい。

高槻市は、「高槻市中心市街地活性化基本計画」(2009年、2017年認定) のなかで「高槻ジャズストリート」を、（1）賑わい創出、（2）来街動機の創出による来街機会の増加 (市外からの集客)、（3）特に駅間ゾーンにおける回遊性の向上、（4）商業の活性化による経済活力の増進、（5）都市ブランドの醸成と定着による市民意識の向上という点において、「中心市街地の活性化に資するその他の支援措置に関連する事業」として位置づけている。また茨木市は、「茨木市中心市街地活性化基本計画」のなかで「茨木音楽祭」および「茨木麦音フェスト」を、（1）賑わい創出・魅力向上、（2）来街者の増加と回遊性の向上、（3）中心商業機能の質の更新という観点から、「国の支援がないその他の事業」に位置づけている。これらを見る限り、音楽フェスは、中心市街地への来街動機の創出・来街機会の増大による賑わいの創出、回遊性の向上による商業の活性化という点での「まちづくり」の手段になっていると言わざるを得ない。

確かに、「高槻ジャズストリート」には、「ジャズのまち・高槻」という都市ブランド／都市イメージの醸成と定着による市民意識の向上という側面もある。かつて吹田市は「ビールと操車場のまち」と称されたが、それは「ビールと操車場しかないまち」と読み替えられた。現在でも、自分の住んでいるまちを「何もないつまらないまち」と称したり、「何もないのが、わがまちの特徴」などと言われたりするのを耳にすることがある。高槻市も、かつてはそうであった。中心市街地活性化基本計画を策定するにあたって実施された「2007年度市民意識調査」においては「地域ブランドがない」という回答が63.8%であった。また「高槻ジャズストリート」の仕掛け人・北川潤一郎氏も、20代の頃には高槻市を「何もないつまらないまち」と感じていたと語っている。住民が自負できる都市ブランド／都市イメージが存在するということは非常に重要であるが、「高槻ジャズストリート」は、「ジャズのまち・高槻」という都市ブランド／都市イメージの醸成と定着による市民意識の向上という観点において、「まちづくり」に寄与していると言えよう。ただし、「ジャズのまち・高槻」という都市イメージが本当に定着しているかどうかについては疑問が残るし、「ジャズのまち」を都市イメージとしているところは、兵庫県神戸市・愛知県岡崎市・栃木県宇都宮市・宮城県仙台市など日本中に多数あるため、それらの都市とどのように差別化するかも課題であろう。

ところで、「音楽によるまちづくり」とは、音楽フェス等を手段として、中心市街地への来街動機の創出・来街機会の増大による賑わいの創出、回遊性の向上による商業の活性化、都市ブランド／都市イメージの醸成と定着を図ることのみを意味するのであろうか。「高槻市中心市街地活性化基本計画」では、「高槻ジャズストリート」という単発のイベントだけではなく、年間を通してジャズに関連する情報発信やワークショップを開催することによって、また「たかつき食の文化祭」など他のイベントと連携することによって、一年を通して「日常的にジャズの雰囲気が感じられる街」づくりをすることが述べられている。では、音楽ジャンルをジャズに限定せず、より一般的に「日常的に音楽があるまち」「日常的に音楽に触れられるまち」は、どのようにしてつくられるのであろうか。

「高槻ジャズストリート」の仕掛け人・北川潤一郎氏は、ある雑誌の中で「高槻は大阪と京都の中間にあるベッドタウンで、以前はゴールデンウィークともなると、みんな市外に出かけてしまって、街は閑散としていたんです。おもろない街やなと思って、街を盛り上げる音楽イベントを自分たちでやろうという話になったんです」と語っている。また、すべてを自分事として受け止めることが「まちづくりの第一歩」であるとも語っている[7]。自分たちのまちの課題を自分事として受け止め、自主的・主体的に課題解決に取り組む市民には、当事者意識に基づいた自負心、シビックプライド（Civic Pride）が自ずと醸成される。それは、上からの郷土愛の醸成とはまったく異なるものである。そのようなシビックプライドをもった市民が、相互に連携し、場合によっては行政や地域の諸団体・商店街等とも連携し、ネットワークを形成することが、日常的に音楽がある「まちづくり」につながるのである[8]。

つまり「音楽によるまちづくり」には、まちの課題を解決するために、自ら主体的に音楽フェスなどの音楽イベントの企画・運営に取り組むシビックプライドをもった市民をつくり、そのようなシビックプライドをもった市民同士のつながりをつくるという側面がある。「音楽によるまちづくり」では、音楽がたまたま機縁となっているが、「まちづくり」にとって重要なのは、シビックプライドをもった「市民づくり」であり、そうした市民と市民との「つながりづくり」であろう。まちづくりは「ひとづくり」であり、ひととひとの「つながりづくり」なのである。

4.「まちづくりの倫理学」の構想（妄想？）

あまりにも短期間で執筆したため随分粗雑なものになってしまったが、筆者が現在考えていることを最後に書いておきたい。かつて筆者は、「飽食社会を修復するむらとまちの『もやい直し』[9]」と題した依頼原稿をある雑誌に寄せた。そこで述べようとしたことは、飽食の時代であるからこそ、フードサプライチェーンの川上に存在する人（生産者）と川中に存在する人（加工・流通業者）と川下に存在する人（消費者）との関係、人と自然との関係、地域と地域との関係を、生き生きとした関係につなぎ直す（もやい直す）必要があるということであった。倫理学が、人と人との関係、人と人以外のもの（自然／生態系、情報など）との関係のあるべき姿を、その根拠や妥当性を含めて究明する学問であるとすれば、上記拙稿は、それらの関係（つながり）のあるべき姿を究明する「食の倫理学」の必要性を述べようとしたものであった。

それとの類比で言えば、シビックプライドをもつ人同士の関係、シビックプライドをもつ人とそうでない人との関係、シビックプライドをもつ人と行政や地域団体等との関係、さらには地域と地域との関係など、「まちづくりの倫理学」が必要なのではないか。それらのつながりに「音楽」が介在することもあれば、「食」や「アート」などが介在することもある。しかし、重要なのは、様々な「つながり」のあるべき姿を究明することではないだろうか。そのような思いから、現在、筆者は「まちづくりの倫理学」とでも称すべきものを構想（妄想？）しているところである。

注

1）2011年の第1回開催時から現在まで、筆者が実行委員長を務めている。

2）グループ・個人の数は延べ数ではなく実数である。複数の会場で掛け持ち演奏するグループ・個人が存在するため実数で示した。本稿で取り上げた他の音楽フェスのグループ・個人の数も同様に実数で示している。

3）この地図を含め、本稿に記載している地図はすべて、故・谷謙二氏作のGISソフト「MANDARA10」を用いて作成したものである。

4）本稿執筆時点で2023年の詳細データが公開されていないため、「吹田ジャズ・ゴスペルライブ」だけは、新型コロナウィルス感染症拡大前の2019年の資料に基づいて記載する。

5）「茨木市提案公募型公益活動支援事業評価委員会」における、茨木麦音フェスト実行委員長・右遠英悟氏との質疑応答に基づく。

6）以下の地図における飲食店情報は、「ｉタウンページ」（https://itp.ne.jp/）に掲載されている情報による（2023年9月26日最終確認）。

7）『Works 80』（リクルートワークス研究所、2007年2月発行）p.54。

8）小林一三の創立した箕面有馬電気軌道は、1910（明治43）年に、梅田－宝塚間、石橋－箕面間で開業したが（現在の阪急電鉄宝塚線・箕面線）、同氏の発想により、その開業に合わせて、電鉄会社による日本初の郊外分譲住宅・池田新市街（室町住宅）が開発され、建売分譲・長期割賦方式で販売が開始された。室町の住民たちは後に、小林一三の掲げた「町づくりの精神と理想」に則り、社団法人「室町会」を設立した。そのモットーは「自分たちのまちは自分たちの手で」である。このモットーから、自分たちのまちの課題を自分事として捉え、自分たちの手で主体的に解決するシビックプライドをもった住民たちによる「まちづくり」の原型とも言うべきものを看取することができよう。

9）『人間会議2011年冬号』（株式会社宣伝会議）pp.72-78。

（山本博史）

批評文化のガストロノミー

（北摂広域）

1．食の批評文化

食は我々が生きていく上で欠かせない行為である。それがゆえに欲求階層説において一番低次の「生理的欲求」の中に組み込まれているが、社会が成熟化し、消費者の食に求めるものはもはや食欲を満たすだけのものではないことは明白だろう。むしろ、高級・希少な食材、その場に行かなければ味わうことができない料理などは、個人のSNSによる投稿という他人への伝達ツールが進化したこともあり、承認欲求という高次の欲求へと昇華したとも言える。そして、そこで紹介された地域や店舗は、多くの人々の目に触れることになり、フォロワーの来店効果へとつながっていく。ただ、もちろんそれは、良い意味での来店客の増加もあれば、単なる「映え」だけを目的に投稿されたものもあり、食べ残しのようなマナーの悪化を招くこともある。

いずれにせよ本章では、そのような高次欲求化した「食」とそれを昇華させる「メディア」に注目し、批評文化としての食について事例を紹介しながら考察していきたい。

それでは、はじめに本章のテーマとしている「批評文化」とは何かについて説明をしていく。第1章でも提示されたように、これは「食」に関する情報やインターネットサイト等の批評・ランキングなど、喫食者が参考とする情報のことである。これにより、飲食店の選択は容易化される（選択されや易くなる）とともに、「食」の評判としての価値を創り出す、としている。日常に欠かすことのできない食事だが、世の中の様々な食材や料理に目を向ける機会や動機づけをしてくれているのが、まさにこの食の批評文化だと言えよう。

現在、食関連の雑誌を俯瞰してみると、『おとなの週末』（講談社）、『dancyu（ダンチュウ）』（プレジデント社）、『Leaf（リーフ）』（リーフ・パブリケーションズ）、『あまから手帖』（クリエテ関西）など、様々な出版社から発行されている。普段書店で何気なく手に取る雑誌もあれば、各雑誌の web 版などが「おすすめ記事」として掲示されるなど、まったく食に関する情報を目にしない日はないだろう。それほど、我々の日常において食と批評文化は身近な存在だと言える。

では、いったいいつ頃から食の批評文化を我々は意識するようになったのか。少なくとも、近代において日本の文豪などが様々な地域の食や食文化に関して批評を加えていることは承知の事実だろう。著名な作家たちは往々にして鋭い味覚を持ち、食に独自のこだわりをもっていた。それらが文学作品の中に登場することもあれば、随筆として世の中に公表されることがある。その中でも大正・昭和に活躍した文豪で有数の美食家である谷崎潤一郎の作品は読者に多大な影響を及ぼした。彼の江戸前料理、ハイカラな洋食、京都の割烹、本場の中華など様々な美食経験は文学作品を通じて、現代人の食に多くの情報と影響を与えるほど大きなものとなっている。一方で志賀直哉が随筆の中で奈良を「食ひものはうまい物のない所だ」と記載したことで、未だに奈良県民を含め「奈良にうまいものなし」という誤認を与えていることは興味深い。そしてそれを反動に、自治体が奈良らしい「食」の創造と発信、大和野菜・大和茶・大和畜産ブランドなど農畜産物のブランド化をはじめとする様々な取り組みをおこなおうとしていることもまた面白い。

その後、文豪など一部の富裕層が書く書籍から、時代の趨勢と共に国民の所得が上がり、余暇が増え、社会経済的に余裕がではじめると、レジャーとしての外食が一般的となり、国民が食を楽しむ時代へと変化していった。それに伴い様々な旅行雑誌が発行されていった。例えば、1970年代に『るるぶ』(JTB)や1980年代に『まっぷる』(昭文社）が創刊され、インターネットが主流になった個人旅行主体の現在では、女性を中心に支持されている『ことりっぷ』(昭文社）が2000年代に創刊されていった。この中でもやはり特筆すべきは「見る・食べる・遊ぶ」の『るるぶ』であろう。同誌に掲載されている全国の各都道府県の食情報に関しては地元で愛されている定番の店から流行食の店舗などを紹介し、情報が充実している。最近では、健康のイメージが強い「株式会社タニタ」と連携し、『るるぶ ご当地タニタごはん』を発行している。これは、「郷土料理を「健康」という視点から現代的なレシピへ再構成し、新たな魅力を創造するとともに、技術・文化を継承し、国内外の旅行客へ特産品としての魅力を発信することで、地域活性化に結び付けたい」としている。さらに同誌では、実際に現地で食べられる飲食店や、ご当地の観光情報も満載しており、各地域の地産品、食の伝統をつなぎ、「食べて旅して健康になれる」と謳っている。このように、地域の食が一般的にも大きく取り扱われるようになっていった。

一方で、もともとの地方都市の紹介をする「タウン雑誌」は1973年の『ながの情報』が初めてとされており、これ以降、全国各地の中小企業を中心に隣接する複数の都市からなる地域に重点を置いて、この地域に根差した情報が扱われるようになった。その中でもやはり食は重要なコンテンツであり、読者がタウン雑誌のようなフリーペーパーを手に取る重要なカギとなってきた。他方で、角川書店の『東京ウォーカー』シリーズのように京阪神で『関西ウォーカー』、北海道で『北海道ウォーカー』、東海地方で『東海ウォーカー』、九州地方で『九州ウォーカー』などでの地方単位の情報誌を発行していた。同様に業界最大手のリクルートでは、旅の情報誌『じゃらん』シリーズを首都圏、関西、中国・四国、九州、東北、北海道の７エリアで発行し、高齢者層向けに『おとなのいい旅』シリーズで北海道、九州、東日本版を発行している。ただ、いくつかの地方版はwebやSNSが主流となる中、刊行を休止している。

最近では、旅行・観光雑誌だけでなく、地域の住民向けに発行されている京阪神エルマガジン社が発行する『北摂の本』のように、地域の名店や土産、街遊びなど、食と地域および観光情報がほぼ1つのまとまりとして一冊の本に取り上げられることが多くなった。それに呼応して、食だけにターゲットを絞ったぴあ出版の『高槻茨木食本』のように大企業の地方紙版として地域周辺の食本が発行されている。地元住民も意外と知らない店舗の掲載も多く、なによりも500円ランチや半額グルメなどのクーポンが売れ行きを加速させた。なお、この背景には、全国各地で発行された『ランチパスポート[1)]』の存在も大きい。同書は通常700円以上のランチメニューが500円で食べられる「ランチブック」として、2011年に始まった。このワンコインのクーポン発行が斜陽傾向にあった出版事業を救うという意味でも大きな影響を及ぼした。

以上のように、「食」を批評する書籍や雑誌は100年以上前からあり、それが我々の深層意識や文化として根付いた「食」へのイメージを与えたり、普段の食事選択における重要な要因になっていたりすることが分かった。次節では、上記のような有料の書籍・雑誌だけでなく、より影響力の強い、フリーペーパーを中心に北摂・関西エリアの行政・鉄道・不動産業界発行の情報誌について事例を通じて深堀りしていきたい。

2．北摂、関西におけるフリーの食の情報誌

上述してきた通り、食を批評する媒体としては様々なものがあり、その中でも食や地域、観光はとりわけそれらの相性がいいことから、一体的に表出されることが分かる。本節では、それを体現したタウン誌の中で、あえて本流のタウン誌を発行している企業だけではなく、比較的発行部数が多く、大きな影響

力を持つ①行政、②鉄道会社、③不動産会社などを主に挙げることで各業界からのフリーペーパーでの食の批評を詳しくみていきたい。なぜなら、フリーペーパーとは先の地方版の雑誌よりもさらに地域に密接した情報や、生活に絡んだ情報が掲載されている紙媒体の広告物であるため、地域住民にとっては、より身近な食の情報にも焦点を当ててもらえる。そして、その効果は地理的に限られた範囲だけとはいえ、それだけに心理的・精神的に親和性が高く、効果的だと考えられるからである。また、フリーペーパーなら、先の書籍や雑誌と違い、全世代に向けて駅やスーパーマーケット、商業施設など、身近な生活線上にある「専用ラック」で老若男女問わず万人が平等で気軽に手に取れる点が大きい。そのため、本節では簡単に手にすることができるフリーペーパーでどのような効果を発行者が期待しているかも含めて考察してみたい。

（1）行政発行の食の情報～広報いばらき～

行政の広報誌とは、地方自治体が地域の市政を伝えるために発行しているものである。しかし、やはり市政の情報だけでは全戸配布したところで、手に取って読んでもらえる可能性は低い。そのため、毎月の発行では特集ページが組まれ、冒頭の数ページには、その内容が写真付きで店舗や食べ物の情報が事細かに記載されている。例えば、『広報いばらき』の2021年８月号では、「いばきたで、ほっこり山カフェ」とキャッチコピーが謳われ、中山間地域のカフェがおしゃれに写真と共に掲載されている。カフェ店主の開業までの経緯、店舗の様子、細かな店主へのヒアリングなど、行政の広報誌とは思えないような「やわらかい」内容で文章が綴られ、同店舗の良さが伝わる記事となっている。店舗のほかにも「近くのおすすめ」としてホースセラピーも紹介されており、行政としての地域活性化の側面もこのようなところから垣間見える。

（2）鉄道会社による食の情報～KPress～

関西は、「私鉄王国」と呼ばれる。大手私鉄5社（近畿日本鉄道、阪急電鉄、阪神電気鉄道、京阪電気鉄道、南海電気鉄道）と準大手私鉄4社（山陽電気鉄道、神戸高速鉄道、北大阪急行電鉄、泉北高速鉄道）、その他にも和歌山電鐵や水間鉄道などの中小私鉄が関西には存在する。この中で大手5社は近鉄が『Kintetsu News』、阪急が『TOKK』、南海が『Natts』、京阪が『K PRESS』、阪神が『ホッと！HAN-SHIN』を発行し、沿線情報を紹介している。

沿線情報誌は各鉄道が発行し、沿線にあるスポットやイベントの開催情報などを掲載しており、各鉄道の駅や関連施設にあるラックに設置されているため、鉄道および施設利用者が気軽に閲覧することができる。どの鉄道会社もそれぞれ沿線の特徴にあわせ、紹介記事に違いがみられる。『TOKK』であれば京都・大阪・神戸の三大都市の季節イベントや宝塚歌劇のトップスターのインタビューなどがみられる。『Natts』では、大阪南部と和歌山の本線と高野線の情報およびりんくうプレミアム・アウトレットなど泉南での最新情報などが記載されている。

このように各鉄道会社から多様な情報紙が発行されている中でも、『K PRESS』の「発見！ あの町＆あの駅 散策マップ」が他社の情報紙よりも個性的なため、紹介をしておきたい。まず、他社の鉄道誌では見られないイラストを使った親しみやすいマップ上に、様々な観光地情報および飲食店情報が記載されており、それでいて、各店舗のキャプションもうまく、店のあたたかさが伝わってくる記事となっている。

この記事は、京阪電車・嵐電・叡電の全125駅をめぐるとされており、沿線住民にとっては、魅力あふれる記事を読むことができる。そこに関心や興味を持った消費者は、京阪電車に乗車し、散策マップに描かれた店舗を巡るように誘導していることも想像できよう。

（3）不動産会社による食の情報～SUUMO～

不動産会社は住宅情報だけではなく購入者がその地域に住むことから、積極的にその街の魅力的な情報を毎回様々なテーマで発行している。そして数ある情報誌の中でも全国有数の発行部数を誇るリクルート社の「suumo」を考察してみたい。リクルート社は求人、住まい、美容など様々なジャンルでフリーペーパーを発行しているが、２週間に１回発行している『suumo 新築マンション』では、漠然と家が欲しいと考えている消費者やなんとなく物件購入に興味があると感じている初期検討者層をターゲットにしていることがユニークだ。そのため、最近のバックナンバーを「食」に関するテーマで発行している号を俯瞰すると、①『絶品パン関西の名店』(23/05/09号)、②『絶品スイーツ美味しい街』(22/10/25号)、③『極上の肉 美味しい街』(21/11/23号) などが挙げられる。このように、関西で絶品のパンやスイーツが食べられる名店を紹介していたり、関西のテイクアウトできる極上の肉を食べられる店を紹介している。そのため、食を通じて消費者がその街の魅力を感じ、そこに居住する勘案材料の１つとして、念頭に置いてもらおうとしていることが分かる。そして最終的に不動産を購入するか検討している消費者にまずは、「情報誌を手にとってみてもらう」という意図が読み取れるだろう。

以上のように、雑誌を購入したり、インターネットで検索したりしなければ出会えなかったような情報にもたどり着けるのがフリーペーパーの最大の強みだと言える。それを手にした消費者は、街の名店を知ることで、各店舗に足を運ぶきっかけとなっているだろう。そして、食をきっかけに発行する行政や企業は巧みに読者が、本流の事業に興味関心をもってもらえるよう画策していることも読み取れる。

では次節に、これらの情報誌の中でも「地域情報誌」として専門に生業を営み、北摂の高槻・茨木・摂津・吹田・豊中・箕面・池田に根付き、ソーシャルビジネスのような食と地域の活性化をおこなっているフリーペーパー『City Life』のヒアリング調査を踏まえながらみていく。株式会社シティライフ NEW

は、大手企業に対抗するために地元の中小企業の飲食店を紹介することで地域経済の一助としての活動を行いつつ、自社の事業を続ける「論語と算盤」を実践している企業と言えよう。

3．株式会社シティライフNEWによる 北摂の飲食店情報掲載と地域への影響

『City Life』は、1986年創業の「株式会社シティライフNEW[2]」が発行をおこなっている。1986年に地域情報紙『City Life』を茨木市で創刊[3]し、「街を元気に」という理念のもと、高槻・茨木を中心としたフリーペーパーを発行した。1995年には初のムック本を出版し、北摂地域に特化したグルメ雑誌を刊行し、雑誌の出版を本格的に始めた。その後2003年に吹田・豊中・箕面を中心とした「シティライフ北摂WEST版」を創刊した。また、2013年には地域ニュースWEB「City Life News」を始め、紙媒体のシティライフと共に、即時性をもったWEBでの北摂地域情報発信を本格化させた。そして2021年、「City Life News」アプリを配信し、地域ニュースWEBをより便利に使うためサービス

図9－1　『City Life』紙面

出所）株式会社シティライフNEW「情報紙シティライフ」HPより引用。

を充実させていった。

（1）北摂地域に特化した流通ルート

『City Life』は地域生活者が興味を持っている情報（グルメ・子育て・習い事・美容など）を中心に幅広い地域情報や広告を掲載しており、潜在顧客層に対して、店やサービスの存在を知らせている。北摂地域に特化することで情報を深化させ、新店やイベントの情報を発信している。また、商圏エリアを広げない理由として、情報が届いた方が来店できないようでは意味がないと考え、費用対効果を挙げる方法としても、あえてエリアを絞っている。

新店舗の開拓ルートとしては、アナログとデジタルの両面を用いて情報収集をしており、アナログにおいては、編集部、営業部のスタッフが日々エリア内を廻り、気になった店があれば情報共有している。また飲食店は同業者のネットワークが強く、付き合いのある店の店主から情報を提供されることもある。また毎号情報紙にて「読者プレゼント」コーナーを掲載しており、プレゼントに応募した読者に簡単なアンケートを実施し、書き込んでもらった情報を参考にすることもある。次にデジタルでは、他企業が「新店検索システム」を開発しており、そこから情報を得ることもある。

流通ルートとしては、各家庭に直接投函しており、ポスティングが約６割、ラック設置を約４割[4]としている。そのため、北摂在住の住民であれば概ね、毎月『City Life』を目にすることができる。また、シティライフ NEW の独自データによると、次号発行まで保存している方が約４割[5]としており、チラシと比べて保存率が高いということを強みにしている。読者にとっては、自分が住む町の出来事やニュースなど、様々な情報が織り込まれているため、捨てられにくく、すぐに読めなくても後から時間があるときに読む読者が多いという特徴をもっている。

次に読者層として、ターゲットは30〜50代女性としており、その層がおよそ７割[6]としている。北摂 WEST 版（吹田市・豊中市・箕面市・池田市）では配布部数を15万部として、北摂EAST版（高槻市・茨木市・摂津市）では、12万部の配布部数を誇る。

発行する紙面では、文章による説明よりも写真映えを重視しており、メニュー内容によって数パターン（メイン料理に寄るのか、コースやランチ内容全体を写すのか、俯瞰か、下から見上げるようにするのか等）を考慮しながら撮影し、ページ全体でのバランスを見ながらレイアウトしている。また記事の1つの店舗単体で考えるのではなく、ジャンルやシーンでページ全体を特集化するようにしている。例えば、「麺」、「粉もん」、「海鮮」、「お米を愉しむ」、「お酒とあう料理」、「子ども連れで行きたいお店」、「ゆったり落ち着けるお店」など興味を引くような特集を考案しながら毎号編集しているということである。

（2）読者や掲載店からの反応

『City Life』では、上述したように読者アンケートをおこなっており、「グルメ情報を一番楽しみにしている」、「参考にしている」という声が多い。ただ、実際に読者が来店するかは別の問題であり、掲載すれば必ず大きな反響を得られるかは未知数である。店が持つポテンシャル（メニュー内容、独自性、立地条件等）によって変化する場合や、来店しやすいタイミングが合わない場合がありえる。要望としては、読者アンケートの結果からは、新店情報の要望が多く、新型コロナウイルス感染症の拡大以後テイクアウト情報のニーズが増えたということである。

なお、これまでの掲載店舗の中でもっとも評判や反響があった飲食店舗としては、高槻市役所15Fにある和食店「にんにん」を掲載した時であったと言う。発行1週間で100組以上の来店があり、最終的に580組の来店があった。理由としては、開店後すぐのタイミングであった為、店の存在を認識していない読者が多かったことと、『City Life』読者限定の特別ランチコース（割引特典あり）を打ち出したことが要因だった。

（3）食イベント

株式会社シティライフNEWでは、『City Life』の発行だけでなく、創業理念と関連する「ロハスフェスタ万博」を2006年から開催しており、そこでも環境保全やSDGsをテーマに飲食店が出店している。また北摂地域と食文化の活性化を目指して「ラーメンEXPO」（2013年より）、「カレーEXPO」（2016年より）、「チーズEXPO」（2019年より）を開催し、全国の名店の味を万博記念公園で食することができるイベントを開催している。なお、このイベントでは、1日1万人規模の来場者があり、「ラーメンEXPO」では、14日間でおよそ14万人が来場している。

以上のように、株式会社シティライフNEWの事業内容を詳述してきた。統括すると、同社のように地域と食を生業としている企業のSNSや個人ブログとの大きな違いは、「編集者がいる」という点であろう。編集部による取材記者が第三者目線で紹介することで、店の強みやこだわりを訴えることが可能となる。そして様々な店の情報をまとめて紹介することで、1店舗毎の広告費を削減しながら、広域への販売促進が可能としている。この工夫点としては、比較的移動が容易なエリアを編集部が選択しており、消費者の来店にストレスが

図9-2　編集部の写真

出所）株式会社シティライフNEW提供。

ない範囲で告知ができるとしていることだろう。地域に密着している情報誌だからこそ、大手企業にはできないことが多様にあるということが分かる。

4．食の批評文化の展開

本章を通じて考察できることは、個人的な主観の強かった文豪などの情報から、現代ではなるべく第三者としての客観的な意見もまた重要視されているということである。従来のブログに加え、SNSの発達により、口コミがすぐに投稿可能になったことにより、情報の信ぴょう性が問われる昨今、一方で信頼のおける情報源が重要視されていることも事実である。即時性および信憑性を同時に可能としているのが、北摂地域の『City Life』のような地域密着型の情報誌のような存在だったのかもしれない。

以上みてきたように、「食」に係る重要な要素としての批評文化はそれ相応の我々の生活の中で重要な位置を占めており、様々なメディアを通じて日々の我々の食の選択において大きな影響を及ぼしていることが確認できた。ただ、もちろんこれは、職種や年代、性別など読者の属性によってどのメディアがどのように作用するかはまだまだ未知数という点も残されている。時代と共に変化するコミュニケーションツールの発展や社会の成熟化にあわせて、批評文化はさらなる進化を続け、我々の生活の一部の食に大きな影響を与え続けることは間違いない。

謝辞

本章の執筆にあたり、株式会社シティライフNEW企画編集部、池谷哲平氏には多大なご協力を頂き、取材から細かな情報提供まで快く承諾して頂いた。心よりお礼を申し上げる。なおインタビューは、2023年8月2日に実施させていただいた。

注

1）掲載店から広告料を取らない手法を採用し、読者、掲載店、書店、出版社、「四方よし」のビジネスモデルとして話題になった。
2）2007年に株式会社に改組し、現在の新会社を設立している。
3）創刊当初の媒体名は、シティライフではなく、「リサイクラー」としており、当時は食よりも、リサイクル情報誌を主体としていた。その後、紙面内容の幅を広げるため、『シティライフ』に媒体名を変更し、地域情報を掲載している。なお、City Life を表記する場合は情報「紙」として統一しているため、情報誌ではなく、情報紙とする。
4）City Life　https://citylife-new.com/company/citylife/（2023年7月27日閲覧）
5）同上。
6）同上。

参考文献

Abraham H. Maslow, Robert D. Frager, James Fadiman（1997）“Motivation and Personality（3rd Edition）”, Pearson.
茨木市まち魅力発信課（2021）『広報いばらき8月号』No.848、茨木市。
京阪電車（2023）『K PRESS（2023年3月号）』京阪電車。
坂本葵（2016）『食魔　谷崎潤一郎』新潮社。
JTB パブリッシング編集部（2023）『るるぶ　ご当地タニタごはん』JTB パブリッシング。
志賀直哉（1995）『志賀直哉全集〈第6巻〉沓掛にて 豊年虫』岩波文庫。
株式会社シティライフ NEW（2023）https://citylife-new.com/company/（2023年7月27日閲覧）
――――（2019）『北摂グルメ――街歩き――』佐川印刷株式会社。
――――（2021）『北摂まち本』株式会社高速オフセット。
株式会社タウン情報全国ネットワーク https://www.tj-net.co.jp/（2023年7月15日閲覧）
長山靖生（2019）『文豪と食――食べ物にまつわる珠玉の作品集』中公文庫。
奈良県（2012）『県民だより（平成24年2月号）』奈良県広報広聴課。
ぴあ関西支社（2014）『高槻茨木食本ぴあ関西圏ムック』ぴあ。
壬生篤・本庄敬（2013）『文豪の食彩』日本文芸社。
村上喜郁（2023）「地域振興における食資源の体系的整理」『日本フードツーリズム学会誌』2、pp.7-14。
リクルート住まいカンパニー編集部（2023）『SUUMO 新築マンション関西版』「美味しい街10選 絶品パン関西の名店」（23/05/09号）、リクルート社。
――――（2022）『SUUMO 新築マンション関西版』「関西の名店 絶品スイーツ美味しい名店」（22/10/25号）、リクルート社。

――――（2021）『SUUMO 新築マンション関西版』「関西のテイクアウト 極上の肉 美味しい街」(21/11/23号)、リクルート社。

（中 井 郷 之）

第10章 地域振興のための質的食資源

本章では、第１章の大阪・北摂地域の既存研究と本書における食資源に関する視点を整理し、第２章から第９章の事例研究についてあらためてこの視点から多少の分析を加える。さらに、地域振興の為の「食」資源の活用のあり方について、経営学あるいはマーケティング論の立場から若干の考察をおこないたい。

１．食資源に関する視点の整理

本書の中核となる大阪・北摂地域の地域振興に向けた「食」資源の活用事例研究に関して振り返りをおこなう前に、第１章「大阪・北摂地域と地域振興における食資源」について簡単にまとめ、本書の視角を改めて示しておきたい。第１章では概ね、「研究対象となる大阪・北摂地域の「食」に関わる先行研究の確認」に加え「地域振興における食資源の体系的整理」をおこなった。

まず、「大阪・北摂地域の「食」」を論題とし、同地域の地勢的な確認、北摂の「食」に関する過去研究と資料のサーベイをおこなっている。結果として、大阪・北摂地域を自然に恵まれ、同時に多様な交通機関の発達により生じた都市までをも併せ持つ、極めて多様性のある地域であると評価した。また、北摂の「食」に関する研究・資料の共通する特徴として、（1）商業都市としての大阪（都市部）の食文化に対して、大阪・北摂地域の食文化は付帯的な扱いであること。（2）大阪・北摂地域の食文化は伝統的な郷土料理（一次産品とのつながり）のみがことさらに注目されていることを挙げた。これにより、地方から都市への広がりを有する現在の大阪・北摂地域をあらためて研究対象地域とする現代的意義を明らかとした。

次に、もう1つの対象となる「食」についての焦点の置き方について議論している。その成果として、「食資源」について「量」と「質」の2つの側面から考察し、食の量的・栄養的側面としての「食糧資源」と美味しさの側面を示す「ガストロノミー資源」に分別した。飢餓という問題から一定の距離を置くことが可能なわが国日本、あるいは先進諸国において、グローバルな観光振興や地域創生などの地域振興に資する「ガストロノミー資源」を問題とする必要性を示した。そして、この「ガストロノミー」という、一般社会では聞き慣れない、あるいは使い慣れない用語に関して、本書における考え方を示した。具体的には、古代ギリシャに見られるその起源、発生の経緯を簡潔に表すとともに、現代における発展の状況として、イタリアの「スローフード運動」、バスク地方の「ヌエバ・コッシーナ・バスカ」、ユネスコ無形文化遺産「フランス人のガストロノミー的食事」を例示し、「美食」を多面的にあつかう「ガストロノミー」の本書における意味づけを確認している。

続く節では、日本と世界の観光の実態における「食」のあつかい、さらに観光研究における「食」の既存研究についての概略をまとめている。新型コロナウイルス蔓延以前あるいは以降の日本において、「食」が観光の主要な目的の1つであることを再確認した。また、世界においては国連世界観光機関を中心に、食を核とする観光である「ガストロノミーツーリズム」をキーワードとして、大きな盛り上がりを見せていることを記した。

研究分野においては、2000年代頃からの食を目的とした旅「フードツーリズム」の世界的流行に応じた観光分野における「食」研究の進展を整理し、代表的研究成果を概観している。ここに、これまでの日本と世界の観光研究における成果の不足している点として、広範囲かつ論理性に重点を置いた観光資源研究を挙げた。そして、本研究の目的となる地域振興に関する「食」に関わる資源の類型化をおこないたいと考えたのである。

そこで、より具体的には、先に示した「スローフード運動」や「ヌエバ・コッシーナ・バスカ」の考え方に加えて、日本の食文化研究における「食の文化マップ」、さらに最新の研究動向である「ガストロフィジクス」などにも目を配り、「地域振興における食資源の20の要素」と「地域振興における食資源体系の概念モデル」を案出した。「地域振興における食資源体系の概念モデル」は、「地域振興における食資源の20の要素」を直接喫食に関わる事象をより中心に近く、間接性の高い事象をより外縁部に近い形で配置し、「自然的資源」、「人文的資源」、「社会的資源」の３つの象限で整理したものである（ただし、この３つの象限は単純な二元論的分類（白黒論）ではなく、連続的につながるものとなる）。また、「食」による地域振興の実行主体となりえる人的な資源は二重丸で囲み、直接的に喫食の対象となる資源（フードたり得る資源）の背景に色を付けて表現した（p.24、図1－4 地域振興における食資源体系の概念モデル参照）。

次節では、この「地域振興における食資源の20の要素」と「地域振興における食資源体系の概念モデル」を意識しつつ、第２章から第９章までの振り返りと若干の分析をおこないたい。

2．食資源の要素から見た事例研究の分析

次に、本書でおこなった大阪・北摂地域における「食」資源を活用した地域振興の８つの事例研究に関して振り返り、第１章で示した枠組み利用しつつ多少の分析を加えたい（なお、以下では、第１章に示している「地域振興における食資源

の20の要素」については、下線を付け、通し番号とともに示している)。

第2章では、農家レストランに注目し、茨木市北部地域の3つの店舗の事例を考察している。茨木市の農家レストラン(12. 飲食店)3店の共通する点として、自家製あるいは地域の農家(5. 生産者)から仕入れた野菜や玉子等(3. 一次産品)を使用していることがある。いわゆる「地産地消」の料理(9. 料理)である。既存の古民家の利活用や店周辺の環境(2. 景観)を店舗に取り込んだ店舗づくりは、農家レストランを特徴づけている。収益の増加よりも、継続性を重視した経営は、オーナー・経営者(7. 料理人)と顧客、だけでなく、農業を営む地域住民のつながりの中で成立しているように思われる。この様に第2章の事例は、爆発的に地域に訪問者を呼び込む地域振興策ではなく、持続的にゆったりと地域で六次産業を進める事例であったと評価される。

第3章では、「近年の日本における生鮮食料流通の変化」と「北摂地域における農産品流通の特徴」について言及している。北摂地域(豊能地域・三島地域)の農業は、大阪では相対的に農業産出も農業所得も高く、消費地型の特徴を持つことが示されている。加えて、北摂地域には、人口や所得の多い消費地である箕面市、豊中市、吹田市を含む。また、地域独特の産品(3. 一次産品)も多数ある。この様な消費地型農業の特徴を持つ北摂地域について、本章では朝市(19. イベント)と直売所(13. 商業施設)に注目している。多様な主催者(20. 推進組織)のもとで、多様な場所で地場野菜の直販をおこなっていることを示した。これにより、六次産業化・地産地消の観点から北摂地域の農業流通を評価している。他方で、北摂農業の販売チャネルの限定性を指摘している。そこで、生産・消費の循環の拡大、ブランド力向上などの地域振興に向け、地域特有の「食」にとって適切な流通の仕組みが必要であることを提案している。大阪・北摂地域の自然と都市がつながる地域において、潜在的購買力と農業をつなげることは、「食」を通じた地域振興の要諦となるだろう。

第4章では、能勢の秋鹿酒造を取り上げ、日本における消費者の嗜好やグローバルな日本酒需要の変化の中での清酒メーカーの取り組みについて分析をおこなっている。秋鹿酒造では、能勢の水の良さ（1．気候・風土）を生かし、自営田によって酒造好適米（3．一次産品）を育て原材料としている。その際に、醸造を担う蔵人の多数が、酒米の生産者（5．生産者）を兼ねる。ここでは、農薬や化学肥料を用いず、醸造過程で発生する酒粕などを堆肥とした無農薬の循環型農業を実践している。ここで生産された酒米は、他の原材料とは分けて使用し、完成した清酒（6．飲料）を特に明記（17．ブランド）して販売している。販路については、日本酒の世界的な広がりに乗り無闇に拡大するのではなく、自社の方針を理解する取引相手を選びながら進められる。この様に堅実に経営される事業により、秋鹿酒造の清酒は能勢の名産となっている。一方で、この取り組みがより、地域振興に資するためには、清酒と地元地域で提供される料理とのペアリングを探索すること、そして、地元において食事に合わせ清酒を提供する飲食店を増やすこと、消費者が清酒を起点に地域を訪問する仕組みづくりが必要となるであろう。

第５章においては、「文芸のガストロノミー」として、池田に関する言説を活用した地域振興に注目した。落語「池田の猪買い」（16．言説）という話を中心に置き、既存飲食店（12．飲食店）が協力して、落語に登場する猪の料理（9．料理）を提供する催事「池田の猪買いはじめました」（19．イベント）を開催していた。そこでは、食べることで体を養う「薬喰い」や野生鳥獣の肉を食する「ジビエ」（10．食習慣）を意識すること、落語みゅーじあむ（14．観覧施設）のような観光施設と連携することで、多様な消費者にアピールするイベントを形作っていることを報告している。加えて、新型コロナウイルスの蔓延と運営団体の解散などにより2019年以降の開催がないことは、「食」を通じた地域振興の環境変化への対応と地域協働における推進組織の重要性を示す事例であると言えよう。

第６章では、「食べ歩きイベントのガストロノミー」として、茨木市の「バルフェスタいばらき」の事例研究をおこなっている。ここでは「まちバル」（19．イベント）の優位性をいかなる地域環境においても、既存の食資源の食材

（3．一次産品）や料理（9．料理）と飲食店（12. 飲食店）などを組み合わせ、地域の価値向上を図ることができるところであると考えている。茨木市の「バルフェスタ」では、参加店（7．料理人）を調整し、食資源を組み合わせる役割をバルフェスタ協会（20. 推進組織）がおこなっている。従前から見られる食による地域活性化策は、地場の特産一次産品の活用、飲食・観覧施設の様ないわゆる「ハコモノ」の建設などがおこなわれるものが多い。しかし、これらが無いあるいはできない地域では、この様な方策は実施できない。対して、「まちバル」は既に存在する食資源を利活用するイベントである。「まちバル」は推進団体さえ持つことができれば、一定規模以上のあらゆる都市において開催可能な優れた「食」を通じた地域振興の仕組なのである。

第７章では、「博物館のガストロノミー」と題して、「食」の充足感を高める拠点施設としての博物館に着目し、池田市の「カップヌードルミュージアム大阪池田」と吹田市の「アサヒビール・ミュージアム（アサヒビール吹田工場）」を事例について検討している。双方とも、地元ゆかりの企業が主体（20. 推進組織、5．生産者）となり運営する産業観光施設（14. 観覧施設）である。まず、「カップヌードルミュージアム大阪池田」は、いわゆる産業観光にありがちな工場見学ではなく、体験型の博物館施設として機能している。具体的には、11のアトラクションを置き、見るだけでなく体験する博物館となっている。これは、「アサヒビール・ミュージアム」でも同様であり、工場見学や飲料の試飲だけでなく、原材料を手に取って見る、VR で仮想体験するなどの工夫が凝らされている。また、双方とも企業が主導する施設ではあるが、地域振興に直接的に貢献する活動もおこなっている。池田市では、日清のキャラクター「ひよこちゃん」（17. ブランド）やチキンラーメンそのもの（4．加工品）を活かした観光街づくりコンテンツが挙げられる。また、吹田市では「アサヒビール・ミュージアム」を有料施設とし、その入場料の一部を市に寄付する動きを見せている。それぞれ、一企業の一事業ではあるが、その事業規模や企業側の地域貢献・社会貢献の姿勢により地域振興の足掛かりとなる好例であると評価したい。

第８章では、吹田市に所在する万博記念公園を研究対象とし、そこで開催される「フードフェスティバル」について考察をおこなっている。最初に、同園で開催されたフードフェスティバルを一覧し、その開催主体によりメディア系、イベント事業者、行政・協同組合の３類型に大別した。さらに、それぞれの特徴について分析をおこなっている。結果として、メディア系のシティライフNEW が主導する集客型の比較的長期間開催されるイベントが多いことが明らかとなった。この際、万博記念公園（14. 観覧施設）がイベント（19. イベント）の開催地に選ばれた理由として、２つの点が指摘されている。第一に、広大な敷地を確保できているにも関わらず、大阪や京都などの大都市圏に近く、公共交通機関・高速道路等の交通の便に恵まれること。第二に、その好条件を活かすことが可能な地域振興を目的とする企業、開催主体（20. 推進組織）の活動エリアであったことである。ここでは、開催主体がイベント運営のノウハウを持つだけでなく、当該地域を含めた広範囲の地域情報（12. 飲食店）を持ちえたことが重要であったことは付記したい。これらを合わせ、万博記念公園は、大阪・北摂地域に止まらず、大阪全域、関西圏からの集客が可能な優れた資源であると評価できるのである。

最後の第９章では、地域情報誌『CityLife』を対象として、「批評文化」と食についての議論をおこなっている。本節では初めに、食にまつわる雑誌・文学作品などに関わる批評、観光情報誌や地域情報誌の歴史と現状など、「食」の批評文化を俯瞰している。次に、北摂を中心に関西の食の情報誌について、行政、鉄道会社、不動産会社の発行するフリーペーパーを見ることで、発行者側の期待について分析した。その後に、大阪・北摂地域に根差した情報発信をおこなう『CityLife』について考察している。『CityLife』は同地域において、30万部に迫る発行数をポスティング約６割・ラック設置約４割で独自に配布し、「食」に関する強力な情報収集・発信力を持つ。この情報が、飲食店選びなど、人の食行動に大きな影響を与えることとなる。加えて、発行会社のシティライフNEW は第７章でも紹介したように、主催者（20. 推進組織）ともなり数多くのフードフェスティバル（19. イベント、9．料理）を手掛けている。1日1万人規模のイベントを多数成功裏に進めることができることは、良い店（12. 飲食店）を選び情報を発信するという、「食」の批評（18. 批評文化）の1つの具現であるとも言えよう。このように、「食」の批評文化は、地域の食に関わる情報を収集・発信し、人の食行動に変化を与える。これを資源として活かすことは、地域振興に極めて有用であると考える。

3．地域振興のための「食」資源の活用に関する若干の考察

本節ではこれまでの事例研究を受け、最後に地域振興の為の「食」資源活用に関して若干の考察をおこないたい。本書では、第1章で「地域振興における食資源の20の要素」と「地域振興における食資源体系の概念モデル」を示したが、これに沿い議論を進めたい。

最初に食資源活用の要諦であると仮定される3つの点について示したい。まず当然として、地域に（1）素材としてではない喫食可能な美食（美味しい物）が存在すること。次に（2）地域振興を推し進める主体たり得る資源（推進組織、料理人、生産者など）が存在すること。最後に（3）食資源がシナジーのある形で組み合わされて活用されていることである。

（1）素材としてではない喫食可能な美食とは、肉や魚、野菜などの素材としてでなく、これら食材を調理した食べ物（フード）としての美食（美味しい物）が、その地域に存在することである。一次産品は、加工・調理されることで提供可能な料理となる。そして、消費者はその美食求め、その地を来訪し購買・消費する。当たり前のことであるが、美食はその核である。これまでに述べたように、この美食とは何も「高級料理」だけを指すものではない、地域で食べ継がれる「郷土料理」やソウルフードの様な「ご当地グルメ」など、あらゆる食文化におけるあらゆる美味しいものを包含する。

（2）地域振興を推し進める主体たり得る資源が存在することは、地域振興のために「食」資源を活用するという点で極めて重要である。すなわち、「食」資源を活用するわけであるから、活用される資源（客体）だけでなく、活用をおこなう資源（主体）も必要となる。確かに多くの事例を見れば、必然的あるいは偶然的に成り行きで「食」資源による地域振興が、自然発生的に生まれた地域もあるだろう。しかしながら、本書の掲げる地域振興の為の「食」資源の活用という論点では、「食」資源は積極的に活用されなくてはならない。つまり、その主体となる地域振興を推し進める主体たり得る資源が必須となるのである。この主体として「地域振興における食資源の20の要素」では、5．生産者、7．料理人、20．推進組織を挙げた。ただし、5．生産者と7．料理人について、地域振興を推進する主体としては、20．推進組織に集約されると考えてもよい。ここで重要となるのは、個人や企業の利益ではなく、地域の振興のために動くことができる主体の必要性である。例えば、個別のレストランを営む料理人レベルの主体のみでは、個別の店の繁栄はあったとしても、地域全体の振興に資することは難しい。そこで、個人や個店、企業の利益だけでなく、それを超えた地域全体の利益を志向する「食」資源の実行主体が必要となるのである。この論点から、20．推進組織について、地域の観光協会やDMO、料理人の組合、ご当地グルメの推進団体などの一定の公共性を有する組織を例示した（ただし、一部の成果が個人や一企業の活動から派生して発生していることも看過できない）。

最後に、（3）食資源がシナジーのある形で組み合わされて活用されていることである。これは、ただ食味として（生化学的に）美味しいという以上の価値をいかに創り出し、より多くの訪問者・消費者を誘引するかに係る事項である。ただ、美味しいものを食べ美食を満喫したいのであれば、都市部に出店する高級レストランを利用すればよい。しかしながら、地域・地方に人を誘い出すには、都市部の高級レストランと対等か、もしくはそれに勝る美味しさ、価値を提供しなければならない。これには、食べ物そのものの食味の良さに加えて、多様な付加価値が要求される。それが、シナジー効果を生み出す他の食資源との組み合わせなのである。産地の野外で食べる地元特産品を用いた名物料理は、食味だけではない様々な要素が特別に美味しく感じさせていることは容易に想像できるだろう。この様に、食べ物の美味しさは食味だけでは決まらず、喫食の環境や関連する情報が大きな影響を及ぼしていることは言うまでもない。その環境や関連する情報こそが、「地域振興における食資源の20の要素」における直接喫食する食資源以外の食資源であり、それらと9．料理との組み合わせとなるのである。これは先に示した「ガストロフィジクス」の研究成果とも合致する。また、この食資源の組み合わせについて、もう少し経営学あるいはマーケティング論の知見から分析すれば、（3）-1「セグメントの組み合わせ」と（3）-2「模倣困難性の強化」という機能が見えてくる。

（3）-1「セグメントの組み合わせ」について、「地域振興における食資源の20の要素」のいくつかには、個別のセグメント（全体市場をいくつかに分割した市場、例えば、男性市場と女性市場、年齢別市場など個別の特徴を有する市場）を持つ要素がある。例示すれば、本書でたびたび取り上げた「フード・ツーリズム」は、そもそもフード（＝食べ物、美味しい物）とツーリズム（＝観光）のセグメントを組み合わせたものであり、美食セグメントと観光セグメントの双方に訴求するレジャーであるとも見ることが可能である。そして、ここではそれをより細分化し、「地域振興における食資源の20の要素」それぞれの持つセグメントを組み合わせることで、さらに大きな市場を形成せしめる方策として用いることができるのである[1]。

第5章の事例を挙げれば、猪料理（9．料理）を食べさせるというだけでなく、それが登場する落語（16．言説）と薬喰いやジビエ（10．食習慣）を生かし、訪問すべき落語みゅーじあむ（14．観覧施設）や各種の催事（19．イベント）を用意している。これにより、本来の美食を求めるセグメントだけでなく、落語ファンやジビエファン、体を温めるための薬喰いを求める者、各種イベントの参加者などを取り込む構造を創り出していたのである。

また、(3)-2「模倣困難性の強化」という観点では、複数の要素を組み合わせることで、他の地域などからの差別化を図ることが可能となる。成功例は模倣されがちである。例えば、第1章でも記したスペイン・バスク地方のサン・セバスチャンは、観光領域また美食の領域で広く「美食都市」として知られる街である。日本でも、人口当たりのミシュランの星の数が最多であることが注目され一躍有名となった。交通の便には恵まれない土地であるが、街並みは美食を求める観光客で常にあふれている。

サン・セバスチャンは、「食」による地域振興を目指す世界の多くの都市からの視察を受け、模倣の対象ともなった。そして、「○○のサン・セバスチャン」と自称する都市が数多く現れたが、本家サン・セバスチャンの様にいかないのが現実である。それも、サン・セバスチャンが多数の食資源の要素を持ち、それぞれがシナジーを生む形で複雑に絡み合うことで価値を生み出しているからであると考えられる。

すぐに思い浮かぶだけでも、太平洋ビスケー湾を望む豊かな自然環境(2. 景観)、ミシュラン三星獲得(18. 批評文化)の「アルサック(ARZAK)」フアン・マリ・アルサックと「アケラレ(AKELARE)」のペドロ・スビハナのような高級レストラン(12. 飲食店)とスターシェフ(7. 料理人)、そして個性的な調理法(8. 調理法)の「新バスク料理」(9. 料理)、まちバルの原型となった旧市街地のバル街での飲み歩き(10. 食習慣)、そこで飲まれるバスク特産のワイン「チャコリ」(6. 飲料)、さらに、食についての総合的な教育・研究をおこなうモンドラゴン大学バスク・カリナリー・センター(Basque Culinary Center)(15. 学校)など、「食」資源には枚挙にいとまがなく、さらに観光局(20. 推進組織)が「美食」を売りとした観光政策を実施する。これらは相互に関係を持ち相乗効果を生み出すことで、サン・セバスチャンの「美食都市」としての価値を形成している。

すなわち、1人の料理人、1店の有名飲食店を誘致したから、新しい一次産品・加工品を開発したから、地域が振興され潤うものではない。また、成功事例を単純に模倣しようとしても、１つの要素を８割模倣できたからと言って、数個の要素が組み合わされれば、80％の４乗で４割ほどしか模倣できず、本家とは似ても似つかないものとなるのである。また、そもそも成功事例に倣おうとしても、類似する適切な資源がない地域の方が多いのではないだろうか。肝要なのは、新たな資源を無理に開発しようとしたり、表面的な部分をまねたりするのではなく、地域に存在する未活用のオリジナリティある資源を再評価し、発掘することである。そして、それらがシナジーを生む組み合わせを創り出すことである。つまり、模倣すべきは資源そのものではなく、その活用の仕組みなのである。この未活用資源の洗い出し、そして、地域のイノベーションを起こす資源の組み合わせと活用のヒントとして、本書では「８つの事例研究」と「地域振興における食資源の20の要素」ならびに「地域振興における食資源体系の概念モデル」を示すことができたのではないかと考える。あらためて、この研究成果が「食」を活用し振興を目指す地域、本書の言葉で言えば主体となる食資源「20. 推進組織」にとって、たとえいくらかでも役立つことができれば本望である。

注

1）エンターテイメント業界では、比較的この様な手法はよく見られる。例えば、漫画の実写映画化などにおいては、漫画原作ファンを基礎に、アニメ化を通じたアニメファン、実写化を通じて俳優・女優のファン、映画監督のファン、挿入歌などを担当するミュージシャンのファンなどの多様なファン層（セグメント）を併呑して、漫画の実写化映画の大きな複合セグメント形成を試みる。

（村 上 喜 郁）

あとがき

本書のテーマである「大阪・北摂の「食」による地域振興」について調査・研究を進めるにあたって、改めてその多様さ豊かさに驚かされた。これまでも、筆者が所長を務める追手門学院大学 ベンチャービジネス研究所のプロジェクト等において、大阪・北摂の「食」には関わってきた。例えば、「茨木市産学連携スタートアップ支援事業」の農事組合法人 見山の郷との六次産業化商品「見山ジュレ」開発、また、日本料理 成田家とのふるさと納税返礼品「鶏のすき焼き缶詰」開発の事例を通じて、北摂地域・茨木の農産品の質の高さ、里山の食文化のすばらしさなどに触れてきたのである。さらに、筆者は豊中市の「都市農業振興基本計画」の策定や審議についても委員として参画し、地域振興における都市農業と「食」産業への強い接続の必要性ついても再認識している。

そして、当該の研究プロジェクト発足以降は、研究対象の選定の為、大阪・北摂地域の「食」についてさらに視野を広げた。多くの良例があり、本書の構成を立案するにあたっても、対象の多さという点では困ることはなかった。むしろ、研究期間やコロナ禍の影響で取り上げることが叶わなかった例も多い。豊中市では『ミシュラン・ガイド』で星を獲得する飲食店と料理人のネットワーク、高槻市では文化庁の「100年フード」に認定されたご当地グルメ「高槻うどんギョーザ」[1]、大阪府認定の「なにわの伝統野菜」[2]（豊能町の高山真菜（たかやままな）と高山牛蒡（たかやまごぼう）、茨木市の三島独活（みしまうど）、吹田市の吹田慈姑（すいたくわい））、「天下の台所」大阪の食を支える茨木市の大阪府中央卸売市場などなど、本書では取り上げ切れなかった事例は数多く存在する。

そもそも、本書の元となった研究は、2020年３月31日に惜しまれながら閉所された追手門学院大学 北摂総合研究所の研究プロジェクトから始まった。北摂総合研究所は、研究を中核として教育、地域連携、産官学連携への発展を目指す組織として、また、同学 地域文化創造機構の後継組織として2016年４月に開設されたものである。編者である村上は、山本博史教授からのお誘いを受け、地域文化創造機構の設置から長らく、これら組織にお世話になった。地域文化創造機構は、追手門学院大学 地域創造学部設立の実質的な基礎を大いに担い、その後も北摂総合研究所と衣替えをしながら、追手門学院大学の所在する茨木市、北摂地域、北大阪地域で様々な活動をおこない、調査・研究と情報発信をおこなってきた。そして、その最後のプロジェクトの成果の１つが本書『大阪・北摂のガストロノミー』である。

本研究は、北摂総合研究所の手を離れた後も、競争的研究費「2020年度プロジェクト型共同研究奨励費制度（タイプA）」において、「質的食資源と地域振興に関する研究」を獲得し、調査・研究を続けた。予想もしないコロナ禍の中での活動となったが、追手門学院大学の多くの若手の先生方の助けを受け、何とか出版にまで漕ぎ着けることができた。そして、この刊行に当たっては、「追手門学院大学研究成果刊行助成」制度の助成を受けている。これらの点において、本書は追手門学院大学とその研究者の面々、そして、調査に快く応じていただいた北摂の皆様のご協力の賜物であると考えている。また、個人的には地域文化創造機構に私をお誘いいただき、本書に特別寄稿いただいいている山本博史先生には、改めて謝辞を述べたい。加えて、この出版をお受けいただき、丁寧な対応、ご助力をいただいた晃洋書房の山本博子氏にも謝意を伝えたい。本書の調査と執筆、特に執筆は、新型コロナウイルス蔓延の真っ只中でおこなわれた。この点では、大変な状況の中で調査をお受けいただいた関係諸氏の皆様には感謝の言葉しかない。ここで、皆様のご協力に感謝し、様々なお手間とご迷惑をおかけしたこと、伏してお詫び申し上げたい。

執筆者等自身も、この様な渦中での活動を進めてよいものか、また、その意義があるのかに迷い、逡巡したこともあった。しかしながら、コロナ後の大阪・北摂地域、また、その他の「食」を通じて地域を活性化させようと試みる人たちのために、何か少しでもヒントになると信じ研究を進めた。この願いが少しでも叶うことを祈り、本書の「あとがき」としたい。

注

1）「100年フード」とは、地域で世代を超えて受け継がれてきた食文化を100年続く食文化「100年フード」と名付け、文化庁とともに継承していくことを目指す取り組みである。文化庁「100年フード」HP、https://foodculture2021.go.jp/jirei/（2023年11月閲覧）

2）「なにわの伝統野菜」とは、（1）概ね100年前から大阪府内で栽培されてきた野菜、（2）苗、種子等の来歴が明らかで、大阪独自の品目、品種であり、栽培に供する苗、種子等の確保が可能な野菜、（3）府内で生産されている野菜である。大阪府「なにわの伝統野菜」HP、https://www.pref.osaka.lg.jp/nosei/naniwanonousanbutu/dentou.html（2023年11月閲覧）

索　引

《執筆者紹介》（執筆順、＊は編著者）

＊村上喜郁（むらかみ　よしふみ）［まえがき、第1・5・10章、あとがき］
追手門学院大学経営学部教授
追手門学院大学ベンチャービジネス研究所所長、日本フードツーリズム学会副会長
関西大学大学院商学研究科会計学専攻 博士課程修了 博士（商学）
主要業績
「ご当地グルメによる地域振興における組織間ネットワーク――静岡県富士宮市の事例を中心にして――」『第29回日本観光研究学会全国大会学術論文集』（日本観光研究学会、2014年）、『人としくみの農業――地域をひとから人へ手渡す六次産業化――』（共著、追手門学院大学出版会、2016年）、『人はなぜ食を求めて旅に出るのか――フードツーリズム入門――』（共著、晃洋書房、2022年）。

佐藤敦信（さとう　あつのぶ）［第2・4章］
追手門学院大学地域創造学部准教授
東京農業大学大学院農学研究科農業経済学専攻 博士後期課程修了 博士（農業経済学）
主要業績
「郷土食の需要創出の可能性と購入要因に関する考察――大学祭での出店によるおやき販売の事例から――」『農業・食料経済研究』第66巻第2号（共著、中部農業経済学会、2020年）、「着地型観光の促進とインバウンド需要の獲得におけるインターンシップの役割――日本の茶産業を事例に――」『農業市場研究』第29巻第4号（日本農業市場学会、2021年）。

宮﨑崇将（みやざき　たかまさ）［第3・8章］
追手門学院大学経営学部准教授
大阪市立大学大学院経営学研究科グローバルビジネス専攻 後期博士課程修了 博士（商学）
主要業績
「消費者ニーズの変化と農産物流通構造の変化――（株）農業総合研究所を事例に――」『追手門学院大学ベンチャービジネス・レビュー』第12号（共著、2020年）、「熟練・分業の観点から見たアマゾンシステムの特質」『社会安全学研究』第13号（関西大学、2023年）、『21世紀のアメリカ資本主義』（共著、大月書店、2023年）。

葉山幹恭（はやま　みきやす）［第6章］
追手門学院大学地域創造学部講師
追手門学院大学大学院経済学研究科経営学専攻 博士後期課程修了 博士（経営学）
主要業績
『人としくみの農業――地域をひとから人へ手渡す六次産業化――』（共著、追手門学院大学出版会、2016年）、「MICE観光における「まちバル」方式採用の有効性――サン・セバスチャンにおける実施事例からの考察――」『第37回日本観光研究学会全国大会学術論文集』（日本観光研究学会、2022年）。

安本宗春（やすもと　むねはる）［第7章］
追手門学院大学地域創造学部講師
日本大学大学院生物資源科学研究科生物資源経済学専攻 博士後期課程修了 博士（生物資源科学）
主要業績
『観光と福祉』（共著、成山堂書店、2019年）、『地域創造の国際戦略――地方と海外がつながるレジリエントな社会の構築――』（共著、学芸出版社、2021年）など。

山 本 博 史（やまもと　ひろし）［特別寄稿］
追手門学院大学地域創造学部教授
大阪大学大学院文学研究科哲学・哲学史専攻 博士課程単位取得後満期退学
主要業績
『カント哲学の思惟構造』（ナカニシヤ出版、2002年）、『「食」の人間学』（共編著、ナカニシヤ出版、2002年）。

中 井 郷 之（なかい　さとし）［第９章］
追手門学院大学地域創造学部准教授
大阪市立大学大学院経営学研究科グローバルビジネス専攻 後期博士課程単位取得満期退学 博士（商学）
主要業績
『商店街の観光化プロセス』（創成社、2015年）、『入門 観光学』（共著、ミネルヴァ書房、2018年）、『経営の視点から考える「新しい観光学」』（共著、千倉書房、2023年）。

大阪・北摂のガストロノミー
――地域振興のための食資源――

2024年2月29日　初版第1刷発行

＊定価はカバーに表示してあります

編著者　村上喜郁©
発行者　萩原淳平
印刷者　藤森英夫

発行所　株式会社　晃洋書房
〒615-0026　京都市右京区西院北矢掛町7番地
電話　075(312)0788番(代)
振替口座　01040-6-32280

装丁　㈱クオリアデザイン事務所　　印刷・製本　亜細亜印刷㈱

ISBN978-4-7710-3825-7